城市轨道交通车辆运用与检修专业规划教材

城市轨道交通车辆空调检修

主　审：柴彬堂
主　编：许　磊　蒋志侨
副主编：黄明亮　江　念
参　编：王　毅　谢婷婷　刘亚琴
　　　　刘　勇　熊维陵　张　博

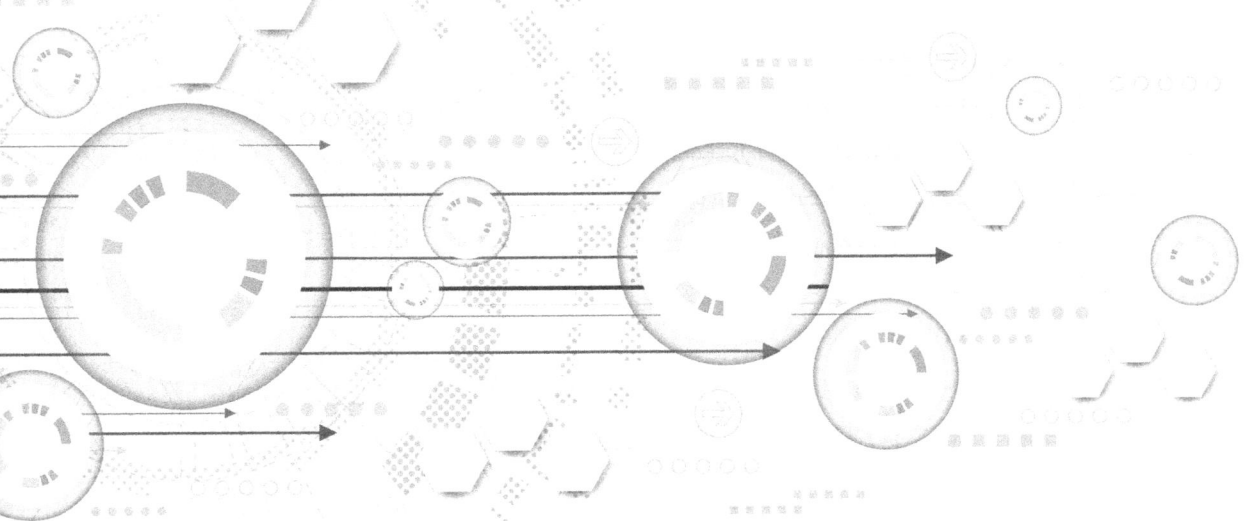

西南师范大学出版社
国家一级出版社　全国百佳图书出版单位

图书在版编目(CIP)数据

城市轨道交通车辆空调检修 / 许磊, 蒋志侨主编. — 2 版. — 重庆：西南师范大学出版社, 2019.11
ISBN 978-7-5621-8405-8

Ⅰ. ①城… Ⅱ. ①许… ②蒋… Ⅲ. ①城市铁路-铁路车辆-空气调节设备-检修-中等专业学校-教材 Ⅳ. ①U279.3

中国版本图书馆 CIP 数据核字(2016)第 289239 号

城市轨道交通车辆空调检修
许　磊　蒋志侨　主编

责任编辑：周明琼
封面设计：牛津迪
制作排版：重庆新综艺图文广告有限责任公司
出版发行：西南师范大学出版社
　　　　　地址：重庆市北碚区天生路 2 号
　　　　　网址：http://www.xscbs.com
印　刷　者：重庆新生代彩印技术有限公司
幅面尺寸：185mm×260mm
印　　张：10.25
字　　数：201 千字
版　　次：2019 年 11 月　第 2 版
印　　次：2021 年 7 月　第 1 次印刷
书　　号：ISBN 978-7-5621-8405-8
定　　价：32.00 元

前 言

PREFACE

进入21世纪以来,随着我国国民经济的快速发展以及城市化进程的加快,发展大容量城市轨道交通已成为各大城市的共识,各大城市加快了城市轨道交通的建设步伐。城市轨道交通车辆作为城市轨道交通系统的主体,承载着运送旅客的职能,要快捷、安全、舒适地将旅客送到目的地,空调系统在城市轨道交通车辆中发挥着重要的作用。

本书突出职业教育特色,坚持"做中学、做中教",以岗位需求和职业能力为依据,既培养学生的专业理论素养,提高学生专业技能,又对学生进行职业意识培养和职业道德教育。采用一体化教学模式,使理论和实践教学能够有机结合,实施"学做一体化"。

本书采用"项目+任务"体系进行编写,根据城市轨道交通车辆空调的情况,以岗位技能为主线,详细介绍了城市轨道交通车辆空调系统各部分结构,空调系统的保养和维修。全书共分五个项目,规划学时为72,包括城市轨道交通车辆空调装置整体认知(12学时)、城市轨道交通车辆空调制冷系统检修(16学时)、城市轨道交通车辆空调通风与供暖系统检修(16学时)、城市轨道交通车辆空调控制系统检修(16学时)、城市轨道交通车辆空调装置常见故障检修(12学时)。

本书在编写时,力求文字简明扼要、通俗易懂;结合行业的实际情况,突出城市轨道交通车辆空调系统检修过程和保养方法;努力做到图文并茂,使之成为一本实用性强、具有新意的中职教学用书。该书适合做中等职业学校交通运输类专业的教材,也可以供相关从业人员学习参考使用。

  本书在编写过程中,得到了重庆公共运输职业学院、重庆市轨道交通(集团)有限公司等单位有关领导、专家的支持和帮助;同时参考了有关人员的相关文献资料,在此一并致以衷心的感谢。由于编写人员的水平有限,本书内容、资料如有不妥之处,敬请广大读者给予批评指正。

目 录

项目一 城市轨道交通车辆空调装置整体认知/1

    任务一　空调系统概况的认知/3

    任务二　空调装置部件的认知/12

    任务三　空调检修工具的认知/20

项目二 城市轨道交通车辆空调制冷系统检修/29

    任务一　空调制冷系统的认知/31

    任务二　空调制冷系统的维护/40

    任务三　空调制冷系统的检修/46

项目三 城市轨道交通车辆空调通风与供暖系统检修/55

    任务一　空调通风与供暖系统的认知/57

    任务二　空调通风与供暖系统的维护/71

    任务三　空调通风与供暖系统的检修/79

项目四　城市轨道交通车辆空调控制系统检修/85

任务一　空调自动控制系统的认知/87
任务二　空调控制系统的维护/102
任务三　空调控制系统故障的诊断与检修/112

项目五　城市轨道交通车辆空调装置常见故障检修/131

任务一　空调机组的故障检查/133
任务二　空调装置常见故障维修/141

参考文献/154

项目一　城市轨道交通车辆空调装置整体认知

项目描述

近年来,我国城市轨道交通快速发展,出门乘坐轨道交通的人越来越多,乘客对所乘交通工具的舒适性要求也越来越高。由于城市轨道交通车辆乘客密度大,因此通风换气、改善车内空气质量是提高乘客舒适性的重要方面。目前,几乎所有的城市轨道交通车辆都使用空调装置达到上述目的。从技术角度看,车辆的空气调节技术是车辆的一项极其关键技术之一,是现代轨道交通车辆先进技术的重要体现。城市轨道交通车辆空调系统与我们日常生活中常见的家用、办公空调的功能一样,在城市轨道交通车辆中起到调节客室内空气温度、增强客室内空气流动,提高城市轨道交通车辆乘坐舒适性的作用。学习本项目能够对城市轨道交通车辆空调系统有一个整体的认知。

学习目标

目标类型	目标要求
知识目标	(1)掌握空调系统的基本概念
	(2)掌握城市轨道交通车辆空调系统的组成和功能
	(3)掌握城市轨道交通车辆空调系统的特点及发展方向
	(4)了解空调系统常用名词概念及相关国家标准
技能目标	(1)能列出城市轨道交通车辆空调系统各部分组成
	(2)能说出城市轨道交通车辆空调系统各部件名称及功能
情感目标	(1)能进行团队协作
	(2)积极参与学习过程,遵守秩序,服从安排

学习准备

(1)教学场地:在互联网多媒体教室及车辆电气实训室中进行,课后可实地参观。

(2)设备要求:至少具有能连接互联网的多媒体教室一个,要有能播放视频、投影的设备。

(3)准备笔记本、签字笔等学习用具。

(4)利用网络查询城市轨道交通车辆空调维护与检修相关信息。

(5)进入实训场地应着工作服、运动鞋。

项目一 城市轨道交通车辆空调装置整体认知

任务一　空调系统概况的认知

任务目标

通过对城市轨道交通车辆空调系统整体概况的学习,能够全面地了解城市轨道交通车辆空调系统的组成及各系统的功能,并对变频空调技术发展有一定认识。

任务分析

本任务主要是完成对车辆空调系统的整体认知。对车辆空调装置各主要系统构成要有充分的认识,理解各系统之间相互的联系以及知道车辆空调系统的发展趋势。实施任务时要特别注意安全要求和规范,一般以学习小组为单位实施。

**任务实施**

一、任务准备

现场对城市轨道交通车辆空调系统进行认识时,必须加强对人身及设备的安全知识的学习,要遵守安全操作规程,不得随意触动带电部分,对车辆空调系统的认识过程中,不需要开启电源,只在不带电的情况下进行认知学习。

(一) 空调系统的概念

空调系统即人为地调节空气温度、湿度、含尘浓度和气流速度等参数,以满足使用者对室内环境要求的机组设备。

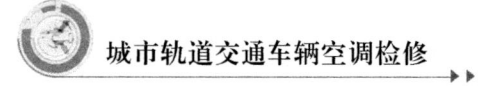

（二）车辆空调系统的组成

车辆空调系统主要由通风系统、制冷系统、加热系统、加湿系统及自动控制系统五大系统组成。考虑到城市轨道交通车辆实际运行区域的气候条件，有些车辆可不设专门的加热系统或加湿系统。

1.通风系统

通风系统的作用是将车外新鲜空气吸入并与车内再循环空气混合，滤清灰尘和杂质后，再压送分配到车内，同时排出车内多余的污浊空气，以保证车内空气的洁净度及合理的流动速度和气流组织。通风系统一般由通风机组、空气过滤器、新风口、送风口、回风口、回风道及排废气口等组成。

2.制冷系统

制冷系统(也称空气冷却系统)的作用是对车内的空气进行降温、减湿处理，使车内空气的温度与相对湿度保持在规定的范围内。冷却系统工作时，由制冷剂通过蒸发器冷却将要送入车内的空气，而蒸发器表面低于空气的露点温度，空气中的部分水蒸气就会凝结成水滴，形成我们通常所说的"空调水"。因此，空气在通过蒸发器冷却的同时也得到了减湿处理。为保证制冷系统安全、有效地工作，制冷系统除压缩机、蒸发器、冷凝器、节流装置四大件外，还配有贮液器、干燥过滤器、气液分离器等辅助设备。

3.加热系统

加热系统的作用是在低温时对进入车内的空气进行预热和对车内的空气进行加热，以保证车内温度在规定的范围内。加热系统通常包括空气预热器和地面空气加热器两部分。在空气温度较低时，通风系统向车内送风过程中，由空气预热器对空气进行加热，再送入车内，并由地面空气加热器对车内空气加热，以补偿车体和门窗的热损失。

4.加湿系统

加湿系统的作用是在车内空气相对湿度较低时，对空气进行加湿处理，以保证车内空气的相对湿度在规定的范围内。加湿最简单的方法是采用电极加湿器。

5.自动控制系统

自动控制系统的作用是控制各功能系统按给定的方案协调、有序地工作，以使车内空气参数控制在规定的范围内，并同时对空调制冷起自动保护作用。电气控制系统一般由各设备的控制电器、保护元件及相关仪表和电路等组成。

（三）城市轨道交通车辆空调系统的组成

城市轨道交通车辆空调系统是由空调机组、送风单元、控制装置和司机室送风单元等组成。一般来说，城市轨道交通车辆的空调系统均是在车顶两端设置2台单元式空调机组，通过车顶的风槽和风口向客室内送风。根据空调机组的出风方式，它一般可分为下出风和侧出风两种形式。

1.空调机组

空调机组采用顶置式安装，采用下出风下回风方式，单冷型，微机控制并具有自诊断功能。每节车厢安装空调机组2台。当列车的一台辅助电源发生故障时，空调机组自动减半运行。全列车各空调机组在车辆运行时由司机集中控制，在维修时由维修人员单独控制。空调机组外形如图1-1-1所示。

图1-1-1　城市轨道交通车辆空调机组

空调装置设有4种工况：手动、自动、通风和停止，并可通过本车控制装置对空调进行控制，也可通过司机室内的显示屏进行控制和温度设定。在手动工况时，空调机组根据各自的温度控制器所设定的温度进行客室内温度控制；在自动工况时，空调机组根据外界环境温度自动调节客室内温度。空调机组可与列车总线网络共同对空调机组进行控制。

城市轨道交通车辆空调机组一般应满足小型轻量化、可靠性高、噪声低、免维护程度高等要求。

（1）小型轻量化。小型轻量化是城市轨道交通车辆空调系统的显著特点。城市轨道交通车辆的空调机组通常安装于车顶部，其体积重量受到上部限界的限制，所以小型轻量化是空调机组必须满足的条件。近年来，国产城市轨道交通车辆空调采用了一系列新技术以缩小空调机组体积,如采用卧式涡旋式压缩机,换热器采用内螺纹管以增强换热效果、减小换热器体积,采用带亲水膜轻质铝翅片以降低换热器质量,引进高效进口风机等,在保证流量、噪声等要求下降低体积和重量。

(2) 可靠性高。城市轨道交通车辆空调机组应能满足车辆运行震动和冲击条件下的可靠性要求。首先,空调机组的耐震性要好。车辆在运行过程中会产生震动,空调机组要具备足够的耐震性能。我国铁路行业标准 TB/T1804-2009《铁道客车空调机组》中对铁路客车的空调设备提出了抗震要求及试验标准。与我国铁线路相比,城市轨道交通线路状况相对稳定、车辆震动较小,所以 TB/T1804-2009 的标准对于城市轨道交通车辆空调系统来说是适用的。

其次,空调机组的耐腐蚀性要好。当前城市污染程度较大,对暴露在大气中的空调电机和换热器壳体的耐腐蚀性要求较高,须采取相应的保护措施。例如,采用防护等级较高的电机,并在电机外部配合处增加电机防护技术措施;在换热器上采用耐酸、碱、盐雾腐蚀的覆膜铝翅片,并采用不锈钢板材制造空调机组壳体,以防止被腐蚀,延长空调机组使用寿命。

(3) 噪声低。随着生活水平的提高,人们对环境的要求也越来越高。轨道交通也属于噪声污染源之一,尤其对沿线的影响更大。城市轨道交通车辆在选用空调装置时,必须考虑其噪声对环境的影响。

(4) 免维护程度高。安装于城市轨道交通车辆上的空调机组不能像地面制冷机组那样,可以给检修和维护人员一个易于检视的环境和空间。根据城市轨道交通车辆空调的使用经验,在条件允许的情况下,空调系统应尽量使用单元式、全封闭式制冷循环系统,并提高免维护元件使用率。

2. 送风单元

客室顶板设两排送风格栅,格栅为工程塑料材质。送风格栅与风道出口(静压箱)之间以软质聚氨酯泡沫塑料为密封材料加以密封,严防送风流窜。全车送风道采用静压式均匀送风风道,客室送风由沿车长方向布置的条缝式送风口向车内送风;司机室送风由设在邻近司机室的空调机组提供,通过送风道,从司机室的可调式送风口均匀送出。回风通过设在空调机组下方内顶板上的回风口,车内部分空气经回风道回到机组和新风混合,经过冷热交换后,送入车内二次利用。

废气排放装置设在车顶,车内部分循环空气在客室内正压的作用下,通过客室的穿孔内顶板和设在车顶的自然排风器排到车外。

应急通风系统在交流辅助电源设备发生故障的情况下,通过蓄电池组经调频调压逆变电源自动启动,向客室、司机室提供全部新风。当交流辅助电源供电正常时,空调系统自动转入正常工作状态。

3.控制装置

城市轨道交通车辆空调系统以自动控制为主,当自动控制部分发生故障时,可采用手动调节装置。空调机组的工作由微机进行控制,通过微机调节器可控制室温。空调系统中新风口、风道和客室座位下均设有温度传感器,将温度传感器测得的温度值传递到调节器中进行处理。每节车有一台微机调节器,它控制两个空调单元,可由司机室集中控制或每节车单独控制。下面以"长客"某机车车辆的空调控制系统为例,介绍空调系统的控制及操作。

每辆车的空调控制柜内均设置有集控、本控选择开关。列车正常运行时,选择集控模式,此时整列车所有车辆的空调通风和供暖系统皆受司机室指令控制;列车在检修时选择本控模式,空调系统将接受本车空调控制柜内功能选择开关的控制,此时空调控制器保持对列车监控系统的通信和状态更新。司机通过列车监控显示屏(TMS)对空调的设置如图1-1-2所示。

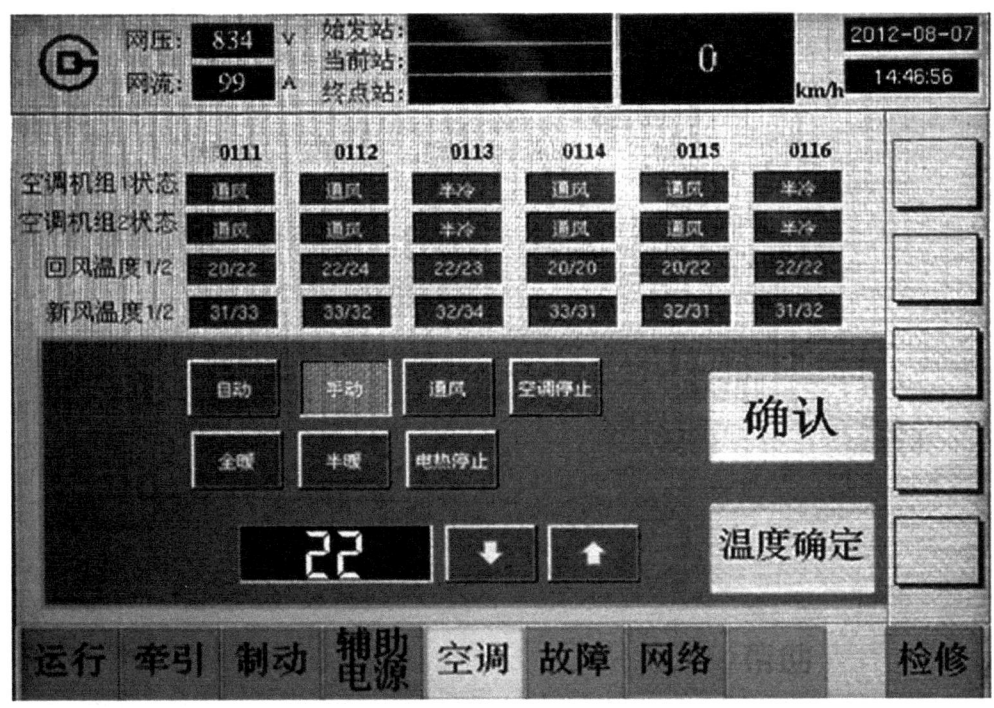

图1-1-2 TMS操作界面

4.司机室送风单元

城市轨道交通车辆司机室内一般不设单独的空调机组,而设立一个单独的送风单元。该送风单元设有风量和风向可调的送风口,并且送风口可关闭,其内置的调速风机,可由司机根据实际需要进行手动控制。送风单元内置的调速风机通过单独的风道从相邻的空调送风道吸入已处理的空气送入司机室,通过调节送风口来调节送风量,通过调节送风口的方向来调节送风方向,回风通过司机室隔门上的百叶窗进入客室实现回风。

(四) 城市轨道交通车辆空调系统的发展方向

变频技术历经 30 多年的发展,已经日趋成熟,工业变频器已经成为各行各业的必备产品。变频技术飞速发展带来的契机,使变频空调以其固有的节能、高效、舒适、低温供热能力强、可靠等特点成为城市轨道交通车辆空调发展的方向。变频空调与定速空调的性能参数对比见表 1-1-1。

表 1-1-1 变频空调与定速空调的性能参数

空调类型	定速空调	变频空调
能耗	1	约 0.7
启动电流	额定电流的 3 倍以上	额定电流的 0~0.3 倍
控温精度	±2 ℃	±1 ℃
除湿效果	差	好
直流供电	不行	可以
机电一体化	难	容易
热泵	难	容易
控制柜	大	小或不需要
逆变电源容量	额定输入功率的 2 倍	额定输入功率的 0~1.2 倍
综合成本	高	低
维护成本	低	稍高
技术实现	容易	复杂

1. 新型变频空调的优点

(1) 变频空调节能环保。变频空调节电 30% 以上(深圳地铁公司官方实测数据)。频率降低、效率提高;制冷剂流量减少,相对换热面积增加,效率提高;低频时压缩机容积效率提高。

在季节变化上,采用热力学自动优化系统,始终以最高效率运行,当负荷减少时频率降低,用电减少。(在春、秋季或早、晚环境温度不太高时,定速空调通过频繁启动来控制温度,而制冷系统从启动到正常额定运行需要一定时间,在此期间空调消耗功率不变但效率低,造成能源浪费。)

（2）一体化设计。全新设计的变频空调,将原空调机组、空调控制柜、空调逆变电源（采用直流电供电时）全部集成到新的空调机组内,实现三合一设计,如图1-1-3所示。

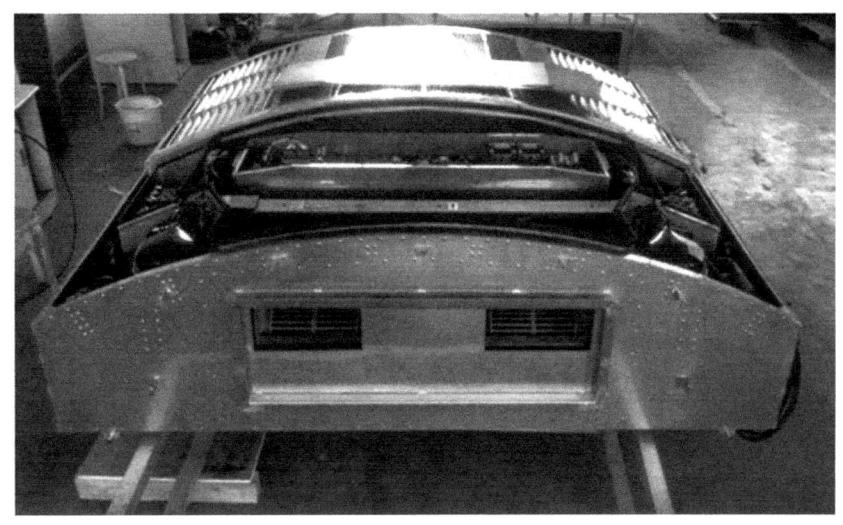

图1-1-3　一体式变频空调

（3）启动电流小。变频器驱动压缩机,启动电流从零开始,对电源无大电流冲击现象。整列车的空调机组可随时/同时启动,不必延时/分别启动。通过压缩机运行频率的变化而不是通过频繁启停压缩机控制温度,使压缩机寿命延长(压缩机寿命主要指标是启停次数)。

（4）变频无级调速更舒适。压缩机通过运行频率的变化控制,可以调节空调机组的制冷/制热量,使车室温度的变化更平稳(与目标温度差距大时,高频率运转,快速制冷/制热;接近目标温度时低频率运行,产生较少制冷/制热量,起维持稳定作用),以及温度较低时的低频运行除湿功能,使乘客更加舒适。(定速空调在接近目标温度时,压缩机频繁停止和启动,除湿效果不好。)采用UIC553控制模式的变频空调,完全符合UIC553标准,新风量根据载荷信号自动调整,客室环境更舒适。

（5）直流电源供电成本低。变频空调机组可直接用DC 600 V或DC 750 V供电,由内部变频器控制压缩机、风扇电机等工作,省去空调逆变电源,优化车辆电源结构。新设计变频空调时,将原空调机组、空调控制柜、空调逆变电源（采用直流电供电时）全部集成到空调机组内,实现三合一设计。以地铁空调为例,如采用直流供电技术,整车可省下逆变及控制部分采购成本。

2.发展方向

根据变频空调机的特点,未来城市轨道交通车辆空调的发展目标如下。

（1）冷暖一体化,热泵型冷暖两用车用空调,弥补目前定速车用空调不能供热的不足,提高空调机的利用率,取消电暖气。

(2)机电一体化,变频控制器与变频空调机实现一体化组装,使城市轨道交通车辆设备布置简单,安装简易、安全。

(3)采用先进的集成技术,使得产品体积小、质量轻。

(4)配电简单,与外在的电气连接只是两个航空插头,节约了布线成本和车辆空间。

(5)全变频设计,变频涡旋式压缩机加上变频风扇电机和4套变频器。

(6)动态恒温空调系统,做到冷暖无级调节,舒适度更高。

二、操作步骤

(一)空调机组的认识

(1)找出空调机组的具体位置。

(2)对照实物说出空调机组的主要作用、结构。

(二)客室送风单元的认识

(1)找出客室送风单元的具体位置。

(2)对照实物说出客室送风单元的主要作用、结构。

(三)控制装置的认识

(1)找出控制装置的具体位置。

(2)对照实物说出控制装置的主要作用、结构。

(四)司机室送风单元的认识

(1)找出司机室送风单元的具体位置。

(2)对照实物说出司机室送风单元的主要作用、结构。

 拓展知识

空调系统常用名词及概念

轨道车辆空调机组(air-conditioning units for railbound vehicles):轨道车辆空调机组是一种向机车、铁道车辆、轻轨车辆、地铁的客室、工作间提供经过处理的空气的设备。它主要包括制冷系统以及加热系统的通风装置。

紧急通风(emergency ventilation):当车辆动力电断电时,由车辆的蓄电池经逆变器给空调机组的通风机供电,由通风机进行全新风通风的运行过程为紧急通风。

温度(temperature):温度是表明物体冷热程度的物理量。由于规定和划分方法不同,温度的标尺(简称温标)又分为摄氏温度、华氏温度、热力学温度。

压强(pressure):压强就是单位面积上的作用力。在 1 m² 的面积上,均匀垂直作用 1 N 的力定为 1 个压强单位,称为 1 Pa,即 1 N/m²=1 Pa。

热量(heat):热量是能量的一种形式,是表示物体吸热或放热多少的物理量。热量的单位用焦(J)表示。

任务评价

表 1-1-2 评价表

评价内容		评价标准	分值	学生自评	教师评价
理论评价	空调系统的组成	是否能描述空调系统的组成	25 分		
	变频与定速空调的特点	(1)是否能描述变频空调的特点 (2)是否能描述定频空调的特点	25 分		
技能评价	城市轨道交通车辆空调系统位置的现场认识	是否能指出车辆空调系统的具体位置	35 分		
情感评价	学习态度	(1)是否能积极思考,回答问题,与教师进行互动 (2)是否有充分的课前准备,教材及学习用品是否齐备	5 分		
	操作规范	操作是否规范	5 分		
	团队协作(在任务中请教他人或帮助他人)	是否具有团队协作精神	5 分		
总分			100 分		
学习体会:					

课后练习

(1) 简述城市轨道交通车辆空调系统的组成。
(2) 简述城市轨道交通车辆空调的特点及发展方向。
(3) 查一查城市轨道交通车辆空调与铁路客车空调的性能有何区别。

任务二　空调装置部件的认知

任务目标

通过对城市轨道交通车辆空调系统部件的认知学习,能够更加细化地了解城市轨道交通车辆空调系统的组成及各主要部件的功能,并对空调的维护与检修打下基础。

任务分析

本任务主要掌握城市轨道交通车辆空调装置主、辅部件的外观、结构以及作用,并能指出其在城市轨道交通车辆上的具体安装位置。综合运用所学知识与技能,能对部分部件进行更换作业。实施任务时要特别注意安全要求和规范,一般以学习小组为单位实施。

任务实施

一、任务准备

现场对城市轨道交通车辆空调装置部件进行认识时,必须加强对人身及设备的安全知识的学习,要遵守安全操作规程,不得随意触动带电部分,对车辆空调部件的认识过程中,不需要开启电源,只在不带电的情况下进行认知学习。

(一)螺杆式制冷压缩机

螺杆式制冷压缩机主要由压缩机的机体、阳转子、阴转子及电机等组成。两个互相啮合的转子平行地安装在机体内,彼此反向旋转。一般主动转子的端面齿形是凸齿,称为阳转子或阳螺杆;从动转子的端面齿形是凹齿,称为阴转子或阴螺杆。阳转子与阴转子的齿数一般取 4∶6,以使两个转子的刚度大致相等。

图 1-2-1 螺杆式制冷压缩机

螺杆压缩机工作时,阳、阴转子的齿廓和齿槽并不直接接触,齿廓与齿槽之间、转子与气缸内壁之间都有微小的间隙。润滑系统通过喷油孔向转子啮合部位喷射润滑油,使互相啮合的转子之间及转子与气缸内壁之间形成一层密封的润滑油膜,既能避免转子啮合部位的干摩擦,也能减少压缩容积内气体的泄漏,提高输气效率。同时,呈雾状的润滑油喷入后,与制冷剂气体混合,制冷剂得到冷却,这样便能显著地降低压缩机的排气温度。

压缩机的主要作用是将吸入的低温低压制冷气体压缩为高温高压的制冷气体后送出。

(二)蒸发器

低温低压气液混合的冷媒在蒸发器内蒸发,当车内循环空气和新鲜空气混合后,通过蒸发器时进行热交换。这时,空气的热量被蒸发器内的冷媒吸收,温度降低。

蒸发器的形式很多,可以用来冷却空气或者各种液体。车辆空调制冷系统属于冷却空气的蒸发器,根据冷却方式可以分为两种:一种是靠空气的自然对流冷却,传热系数小;另一种是靠风机强制对流冷却。蒸发器装在通风系统中,传热系数更高,冷却速度快。

图 1-2-2 蒸发器

冷却器的肋片一般要保持立放,以便凝结水顺肋片流下,避免凝结水积存在肋片上。

(三) 冷凝器

冷凝器多制作成蛇管式外套肋片，通常为长方形，几根蛇管并联在一起，具有结构紧凑、安装方便的优点。它是制冷系统中重要的换热装置之一，选用铜管铜翅片材料。冷凝器的作用是将制冷压缩机排出的高温高压的制冷剂过热蒸汽，通过其放热面将热量传递给低温物质(即空气)，让制冷剂冷凝成液态，以使制冷剂在系统中循环使用。高温高压的制冷剂气体通过冷凝器时，在外部空气的强制冷却下，变成常温高压的冷媒液体。

图 1-2-3 冷凝器

(四) 通风机

离心式通风机的主要部件有风机吸气口、排气口、叶轮、机壳和机座等。

离心式通风机的工作原理：当电机带动机轴上叶轮旋转时，叶片间的气流在离心力的作用下，由叶轮中心甩向边缘并获得动能和压力能。同时，叶轮中心所产生的负压区促使后续气流连续不断地进入风机。气流从叶轮流出后进入机壳，在机壳排气管的扩压作用下将部分动能转换为压力能，最后送入排气管路或房间。

图 1-2-4 离心式通风机

空调系统中常把离心式通风机作为蒸发器风机。

轴流式通风机主要由叶片、机壳、吸入口、扩压段及电机等组成。

轴流式通风机的工作原理：由于轴流式通风机的叶片与机轴中心线有一定的螺旋角，当电机带动叶片在机壳内转动时，空气一边随叶轮转动，一边沿轴向推进。当空气被推出后，其原来占有的位置形成局部低压，促使外面的空气由吸入口进入。空气通过叶轮压力增高后，从出口排出。由于气体在机壳中流动始终沿轴向进行，所以称为轴流式通风机。

空调系统中常把轴流式通风机作为冷凝器风机。

图 1-2-5 轴流式通风机

(五) 干燥过滤器

由于制冷剂本身含有的水分或系统未严格干燥而带来的水分溶解于制冷剂中,当温度下降时,水分就会析出。含有水分的制冷剂在制冷系统中流到膨胀阀时,由于温度急剧下降,析出的水分就会结冰堵塞阀孔,造成冰塞,使制冷系统无法正常工作。

图 1-2-6 干燥过滤器

干燥过滤器中的干燥剂用于吸收制冷循环系统中的水分,过滤器用来清除系统中的一些机械杂质,如金属屑和氧化皮等,防止其进入膨胀阀堵塞阀孔和进入压缩机刮伤气缸和吸排气阀,避免系统中出现"冰堵"和"脏堵"。干燥过滤器安装在贮液器与膨胀阀之间的输液管上。

(六) 气液分离器

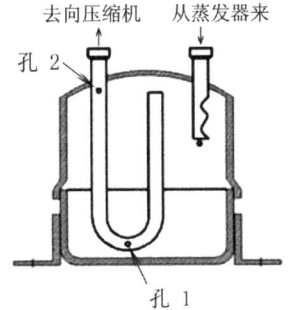

图 1-2-7 气液分离器

气液分离器是用来分离蒸发器出口的蒸汽中的液体,从而保证压缩机为干压缩。如果制冷压缩机吸入了带有液滴的制冷剂蒸气,就有可能产生液击而使阀片、活塞、连杆等损坏。为避免制冷压缩机吸入液体制冷剂,在压缩机的回气管上可装设气液分离器,对制冷剂蒸气中的液体分离储存。

气液分离器的作用原理是:从蒸发器来的制冷剂蒸气由进气管进入分离器后,由于气流的突然转向和减速,把液滴分离出来留在容器的底部,而气体则从出气管被压缩机吸入。在 U 形管的底部开有一个孔 1,能使一定量的冷冻机油随吸入气体一起返回压缩机。孔 2 为均压孔,可防止压缩机停机时由于蒸发器压力上升,使气液分离器中的液体通过孔 1 流向压缩机,如图 1-2-7 所示。

（七）膨胀阀

图 1-2-8　膨胀阀

它位于冷凝器之后,使从冷凝器来的高压制冷剂液体在流经节流机构膨胀阀,压力被降低后进入蒸发器。它除了起节流作用外,还起调节进入蒸发器制冷剂流量的作用。膨胀阀的调节,可使制冷剂离开蒸发器时有一定的过热度,避免液体制冷剂进入压缩机。

（八）视液镜

视液镜用来显示系统运行时制冷剂量和流动情况,而中心部位的圆芯则用来指示制冷剂的含水量。当圆芯纸遇到不同含水量的制冷剂时,其水化合物能显示不同的颜色,从而根据纸芯的颜色来判断含水的程度。纸芯颜色变化可显示出制冷剂的含水量情况:正常、警示、超标。当纸芯的颜色为紫色时表明正常,当纸芯颜色开始偏红时说明系统中制冷剂的含水量已到了需加强跟踪的警示位置,一旦纸芯颜色为粉红色时必须尽快更换干燥过滤器。

图 1-2-9　视液镜

（九）压力开关

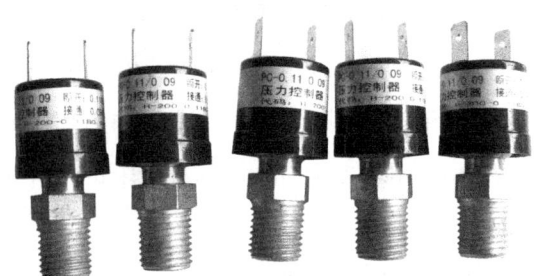

图 1-2-10　压力开关

压力开关主要用于高压和低压保护。如果排出压力超过或吸入压力低于相应的设定点,安全压力开关将动作并反馈到控制系统,停止压缩机,防止系统在非正常压力下运行。

(十) 温度传感器

温度传感器目前采用较多，主要通过检测新风、回风和供风的温度，监控乘客车厢内的制冷需求。空调控制器将根据温度信号选择适当的运行模式。国内城市轨道交通车辆空调主要采用电阻式温度传感器。

PT100是一种广泛应用的测温元件，在 $-50 \sim 600\ ℃$ 范围内具有其他任何温度传感器无可比拟的优势，包括高精度、稳定性好、抗干扰能力强等。

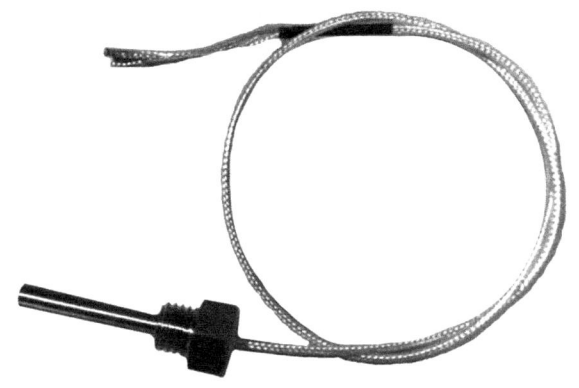

图 1-2-11　PT100 温度传感器

PT100温度传感器主要特点如下：

（1）不锈钢管套封装，经久耐用。

（2）活动螺丝固定，使用方便。

（3）按照IEC751国际标准制造，即插即用。

（4）多种探头尺寸可选，适应面广。

（5）高精度，高稳定，高灵敏。

（6）外形小巧，经济实用。

二、操作步骤

(一) 压缩机的认识

（1）找出压缩机的具体位置。

（2）对照实物说出压缩机的主要作用、结构。

(二) 蒸发器的认识

（1）找出蒸发器的具体位置。

（2）对照实物说出蒸发器的主要作用、结构。

(三) 冷凝器的认识

（1）找出冷凝器的具体位置。

（2）对照实物说出冷凝器的主要作用、结构。

(四) 通风机的认识

（1）找出通风机的具体位置。

(2)对照实物说出通风机的主要作用、结构。

(五)干燥过滤器的认识

(1)找出干燥过滤器的具体位置。

(2)对照实物说出干燥过滤器的主要作用、结构。

(六)气液分离器的认识

(1)找出气液分离器的具体位置。

(2)对照实物说出气液分离器的主要作用、结构。

(七)膨胀阀的认识

(1)找出膨胀阀的具体位置。

(2)对照实物说出膨胀阀的主要作用、结构。

(八)视液镜的认识

(1)找出视液镜的具体位置。

(2)对照实物说出视液镜的主要作用、结构。

(九)压力开关的认识

(1)找出压力开关的具体位置。

(2)对照实物说出压力开关的主要作用、结构。

(十)温度传感器的认识

(1)找出温度传感器的具体位置。

(2)对照实物说出温度传感器的主要作用、结构。

任务评价

表1-2-1 评价表

评价内容		评价标准	分值	学生自评	教师评价
理论评价	压缩机作用的认知	是否能描述空调压缩机的作用	20分		
	冷凝器与冷凝风机作用的认知	(1)是否能描述冷凝器的作用 (2)是否能描述冷凝风机的作用	20分		
	压力开关与温度传感器作用的认知	(1)是否能描述压力开关的作用 (2)是否能描述温度传感器的作用	20分		
技能评价	压缩机、冷凝器、冷凝风机、压力开关、温度传感器实物的识别	是否能对照实物说出压缩机、冷凝器、冷凝风机、压力开关、温度传感器的名称	25分		
情感评价	学习态度	(1)是否能积极思考,回答问题,与教师进行互动 (2)是否有充分的课前准备,教材及学习用品是否齐备	5分		
	操作规范	操作是否规范	5分		
	团队协作(在任务中请教他人或帮助他人)	是否具有团队协作精神	5分		
总分			100分		
学习体会:					

课后练习

(1)找一找城市轨道交通车辆空调系统的其他辅助件。

(2)通过查阅相关资料说说温度传感器的种类。

空调检修工具的认知

通过对检修工具的认识及操作学习,能够清楚地知道检修城市轨道交通车辆空调系统的常见工具、设备的操作方法及步骤,并对一些重要工具和设备操作规程有一定的认识。

本任务主要掌握城市轨道交通车辆空调检修工具的外观、结构、作用,并能对这些检修工具进行规范使用,对其技能操作要熟练。实施任务时要特别注意安全要求和规范,特别是用电安全,一般以学习小组为单位实施。

一、任务准备

现场对城市轨道交通车辆空调检修工具进行学习操作时,必须加强对人身及设备的安全知识的学习,必须要遵守安全操作规程,在部分操作过程中,不得随意触碰带电工作设备。

(一) 万用表

万用表是最常用的电工测量仪器。在检修电工设备、电子仪器时是必不可少的。常用的万用表可分为指针式和数字式两类。一般万用表都可以用来测量电阻、交直流电压、直流电流、电容容量和晶体管的放大倍数等。

万用表的结构形式多种多样，表面上的旋钮、开关的布局各有差异，以常见的MF47-6型万用表为例，如图1-3-1所示。在使用前，必须仔细了解和熟悉各部件的作用，分清表盘上各条标度尺所对应测量的量。

在检修时，万用表的电阻挡用于测量电路的通断和线圈的直流电阻值，用交流电压挡测量电源的供电电压。为了正确地使用万用表，必须特别注意以下各点。

1.插孔(或接线柱)选择

在进行测量时，首先检查测试棒接在什么位置。红色测试棒应接在红色接线柱上或插入标有"+"的插孔内，黑色测试棒应接在黑色接线柱上或插入标有"-"的插孔内。特别是在有扩充测量的插孔时，更应注意分清公用插孔和特殊扩充量程的插孔。

图 1-3-1　MF47-6 型万用表

2.种类选择

根据测量的对象，将转换开关旋至需要的位置。在进行测量选择时，应特别细心，不要旋错。比如需测量电压时误选了测量电流或测量电阻的挡位，则会将表头严重损伤，甚至烧毁。因此，应特别注意核对。

3.量限选择

根据被测量的数据的大致范围，将转换开关旋至该种类区间的适当量限上。如测量220 V交流电压，就可选用"～"区间250 V的量限挡。在测量电流或电压时，最好是指针在满刻度的1/2~2/3，这样测量结果较为准确。若预先不知道被测量的数据的大致范围，可将转换开关旋至该区间最大量限挡进行测试，若读数太小，再逐步减小量限。

4.正确读数

在万用表的标度盘上有许多条标度尺，它们分别在测量各种不同的被测对象时使用，在测量时要在相应的标度尺上去读数，如标有"AC"或"～"的标度尺是测量交流电时用的。

(二)兆欧表

在电机、电器和供电线路中,绝缘材料的好坏对电气设备的正常运行和安全用电有着重大影响,而说明绝缘材料性能的重要标志是它的绝缘电阻值的大小。绝缘材料会因发热、受潮、污染、老化等而降低绝缘电阻值以至损坏,造成漏电或发生短路等事故,因此,必须定期检查电气设备的绝缘电阻值。

一般绝缘电阻都是用兆欧表来测量的,兆欧表又称摇表,如图 1-3-2 所示。它是一种简便的测量大电阻的指示仪表。它的标度尺单位是"兆欧",用"MΩ"来表示。兆欧表主要是由一台手摇发电机和磁电系比率表所组成。直流发电机的容量很小,电压却很高。兆欧表的分类就以发电机能发出的最高电压来决定,电压越高,能测量的绝缘电阻值也就越高,就能用在额定工作电压越高的电器的测量中。

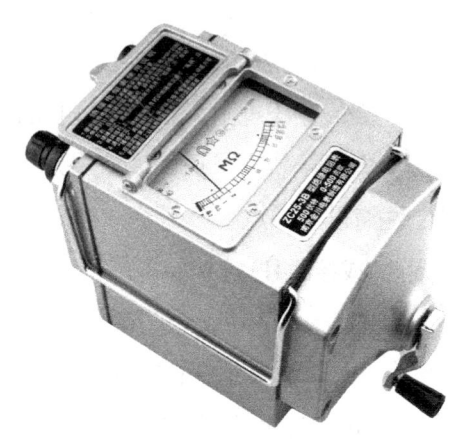

图 1-3-2 兆欧表

1.兆欧表的选用

选择、使用兆欧表的原则:额定工作电压高的电气设备对绝缘电阻值的要求大些。因此,额定工作电压高的电气设备需使用电压高的兆欧表来测试。如测量额定电压为 380 V 的线圈的绝缘电阻时,就不能使用 250 V 的兆欧表,而应选用 500 V 的兆欧表来测量。通常对于检查何种电气设备应该选用何种电压等级的兆欧表都有具体规定,可根据有关规定来选用。

2.兆欧表的接线

一般兆欧表上都有三个接线柱:"线"(或"火线")接线柱"L",测量时与被测物或与大地绝缘的导体部分相接;"地"接线柱"E",在测量时与被测物的外壳或其他导体部分相接;"保护"(或"屏蔽")接线柱"G",在测量时与被测物上保护屏蔽环或其他不需要测量部分相接。一般测量时只用"L"和"E"两个接线柱,"G"接线柱只在被测物表面漏电很严重的情况下使用。

3.兆欧表的使用

(1)测量前,应对兆欧表本身进行检查,即在兆欧表未接上被测物之前,摇动手柄到额定转速,指针应指到"~"的位置;其次将"线""地"两接线柱短接,缓慢转动手柄,指针应指在"0"位。

(2) 测量前必须切断被测试设备的电源,并接地短路放电,不允许用兆欧表测量带电设备的绝缘电阻。对在测量过程中可能感应出高电压的设备,应进行必要的处理,避免出现感应高压。

(3) 连接好测试用的接线,兆欧表应平稳地放在远离大电流的导体和有外磁场的地方。转动兆欧表手柄,速度应保持在规定范围内(一般为 120 r/min),转速不宜忽快忽慢,有的兆欧表装有离心调速装置,可摇到打滑时止,这时的读数较为稳定。

(4) 注意绝缘电阻随着测量时间的长短而不同,一般以 1 min 以后的读数为准。遇到电容量特别大的被测物时,可以指针稳定不变时为准。

(5) 在兆欧表没有停止转动和被测物没有放电以前,切勿用手去触及被测物测量部分或进行拆除连接导线的工作。

(三) 真空泵

真空泵是指利用机械、物理、化学或物理化学的方法对被抽容器进行抽气而获得真空的器件或设备。通俗来讲,真空泵是用各种方法在某一封闭空间中改善、产生和维持真空的装置。它是空调系统中最常用的设备之一,外形如图 1-3-3 所示。

单元式城市轨道交通车辆空调机组,是由全封闭压缩机组成的制冷系统,用真空泵抽真空,其具体操作步骤如下。

(1) 用连接管将带压力真空表①的修理阀与真空泵、压缩机连接起来。

(2) 打开修理阀,开启真空泵,注意观察压力真空表读数变化,是否向零刻度以下方向移动,如没有,则说明系统仍有泄漏。

图 1-3-3 真空泵

(3) 当压力真空表指针达到或接近 10^{-5} Pa 时,先关闭修理阀,然后停止真空泵运转,抽真空过程结束。

---

① 压力真空表,机械行业用以测量大于和小于大气压力的仪表。其实质是测量压强的大小,单位为 Pa、kPa、MPa 等,但由于行业统一称呼为压力表,本书将沿用此说法,特此说明。

(四) 扩管器

扩管器是空调制冷系统管路维修的重要工具之一，其外形如图 1-3-4 所示。

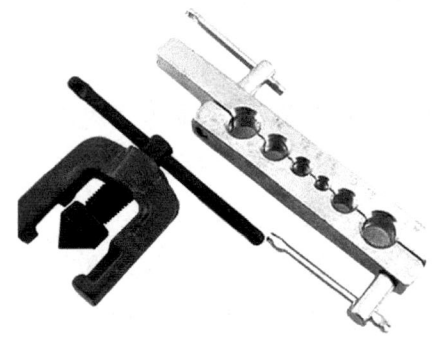

图 1-3-4 扩管器

1. 扩喇叭口的步骤

(1) 将已退火且割平管口的铜管去掉毛刺，插入与管径相同的孔中。

(2) 管口朝向喇叭面，铜管露出喇叭斜面高度 1/3。

(3) 将两个元宝螺帽旋紧，把铜管紧固。

(4) 将顶压器的锥形头压在管口上，其工架脚卡在扩口夹具内。

(5) 缓慢旋动螺杆，管口就能挤出喇叭口。

2. 扩喇叭口时的注意事项

(1) 将铜管放入胀管工具内与管径相同孔径的孔中。

(2) 铜管管口只需露出喇叭口斜面高度 1/3 处，不宜过高。

(3) 挤压时，将铜管紧固，慢慢旋转顶压器的旋杆，如过快则会出现裂缝单偏等现象。

(五) 行车

行车是吊装城市轨道交通车辆空调机组的重要设备，对它的操作规程和安全注意事项需要严格遵守。

图 1-3-5 行车

1.行车使用的安全注意事项

(1) 严禁超载、斜拉、重物下站人或作业。起重作业,慎之又慎!使用前一定加注润滑油。

(2) 请将上、下限位的停止块调整后再起吊物体。

(3) 使用之前请确认制动器状况是否可靠。

(4) 使用前若发现钢丝绳出现异常情况,绝不要进行操作。如弯曲、变形、腐蚀等,或钢丝绳断裂程度超过规定的要求,磨损量大。

(5) 请绝对不要起吊超过额定负载量的物体。

(6) 起吊物上禁止乘人,绝对不要将电动葫芦作为电梯的起升机构用来载人。

(7) 请将电动葫芦移动到物体正上方再起吊。

(8) 限位器不允许被当作行程开关反复使用。

(9) 不得起吊与地面相连的物体。

(10) 请不要过度点动操作。

(11) 不要用手电门线牵拉其他物体。

(12) 维修检查工作一定要在空载状态下进行。

2.行车安全操作规程

(1) 每班作业前必须检查以下项目。

①作业地点:操作者步行范围内有无障碍物。

②运行轨道:由地面观察轨道上是否有异常。

③限位器:空载吊钩上升至极限位置时,限位应准确可靠。

④吊钩装置:吊钩在圆周360°与垂直180°范围内是否转动灵活;滑轮转动时有无卡阻和碰擦,吊钩螺母防松装置有无异常,钩口闭锁装置是否正常。

⑤钢丝绳:检查是否有断丝、乱绳等现象。

⑥制动器:起升、下降灵敏可靠。

⑦按钮装置(手电门):起升、下降、左右运行动作是否灵敏、准确。

⑧检查电器部分应无漏电,接地装置应良好。

⑨每次吊重物时,在吊离地面10 cm时应停车检查制动情况。总之,在起吊前应检查设备的机械部分,电器、钢丝绳、吊钩、限位器等应完好可靠,确认完好后方可进行工作。

(2) 不准超载起吊,起吊时手不准握在绳索与物体之间,吊物上升时,严防冲撞钢丝滚筒。

（3）起吊物体要捆扎牢固,在物体尖角缺口处应设衬垫保护,重心在中心线上。吊重物行走时,重物离地不要太高(1.5 m以下),严禁重物从人头上越过,工作间隙不得将重物悬在空中,不得斜吊。起吊物体、吊钩在摇摆状态下不能起吊。

（4）电动葫芦在启动过程中发出异味、产生高温应立即停车检查,找出原因,处理后方可继续工作。

（5）电动葫芦钢丝绳在卷筒上要缠绕整齐,当吊钩放在最低位置,卷筒上的钢丝绳应不得少于三圈。

（6）使用悬挂电缆电气开关启动,绝缘必须良好,滑动必须自如,葫芦电缆应有牵引绳,正确操作电钮和注意人的站立位置。

（7）在起吊中,由于故障造成重物下滑时,必须采取紧急措施,向无人处下放重物。

（8）起吊重物必须做到垂直起升,不许斜拉重物,起吊物重量不清的不吊。

（9）单轨电动葫芦在轨道转弯处或接近轨道尽头时,必须减速运行。

（10）各种行车必须有专人操作,严格遵守行车工的有关安全操作规程。

（11）在工作完毕后,电动葫芦应停在指定位置,吊钩升起,并切断电源。

（12）在行车维修时一定要断电进行,挂牌操作,并佩戴安全带,设专人监护,同时进行维修检查。一定要在空载状态下进行。

（13）按钮必须低压控制,控制继电器必须设有两个。

(六) 压力真空表

压力真空表在城市轨道交通车辆空调检修中主要用于测试管道的真空度。

压力真空表是由测量系统（包括接头、弹簧管、齿轮传动机构）、指示部分（包括指针、度盘）、表壳部分组成。其工作原理是基于弹性元件——弹簧管变形。当被测介质由接头进入弹簧管自同端产生位移,此位移借助连杆经齿轮传动机构的压力传递和放大,使指针在度盘上指示出压力。

其他使用较为简单的工具如割管器、扳手、弯管器、尖嘴钳、螺丝刀、锉刀、软毛刷等工具这里就不再

图 1-3-6 压力真空表

——赘述。通过实训室现场操作即可学会。

二、操作步骤

(一) 万用表的使用

(1) 说出万用表的组成结构及工作原理。

(2) 用万用表测量电阻、电流、电压。

(3) 用万用表检测部件好坏。

(二) 兆欧表的使用

(1) 说出兆欧表的组成结构及工作原理。

(2) 用兆欧表测量电路绝缘情况。

(三) 真空泵的使用

(1) 说出真空泵的组成结构及工作原理。

(2) 连接闭合管路。

(3) 用真空泵对管路进行抽真空。

(四) 扩管器的使用

(1) 说出扩管器的组成结构及使用方法。

(2) 用扩管器扩铜管喇叭口。

(五) 压力真空表的使用

(1) 说出压力真空表的组成结构及使用方法。

(2) 用压力真空表测管路真空度。

任务评价

表 1-3-1 评价表

评价内容		评价标准	分值	学生自评	教师评价
理论评价	万用表的使用须知	是否能描述使用万用表的注意事项	25分		
技能评价	万用表的操作	(1)是否能用万用表测量电压 (2)是否能用万用表测量电流 (3)是否能用万用表测量电阻	20分		
	兆欧表的操作	(1)是否能对兆欧表正确接线 (2)是否能用兆欧表测量绝缘电阻	20分		
	扩管器的操作	(1)是否能选用合适的锥形头 (2)是否能按要求扩喇叭口	20分		
情感评价	学习态度	(1)是否能积极思考,回答问题,与教师进行互动 (2)是否有充分的课前准备,教材及学习用品是否齐备	5分		
	操作规范	操作是否规范	5分		
	团队协作（在任务中请教他人或帮助他人）	是否具有团队协作精神	5分		
总分			100分		
学习体会:					

课后练习

(1)练习操作各种检修工具。

(2)用万用表检测判断温度传感器的好坏。

项目二　城市轨道交通车辆空调制冷系统检修

项目描述

制冷系统故障是城市轨道交通车辆空调机组中最常见的故障,这将严重影响到乘客乘坐的舒适性。由于我国城市轨道交通的快速发展,乘客对所乘交通工具的舒适性要求也越来越高,那么在日常维护保养中应做好必要的准备、检查等工作。空调在使用过程中,因运动部件的震动、磨损、腐蚀、结垢和疲劳等因素,原有的工作性能会有所损失。为延长其使用寿命和修理周期,必须认真维护保养,并对故障现象要及时排除,确保制冷系统各部件长期正常运行,才能最大限度发挥其经济效益。

学习本项目能够对城市轨道交通车辆空调制冷系统的认知、维护保养、检查维修等方面知识技能有较深刻的理解、提高。

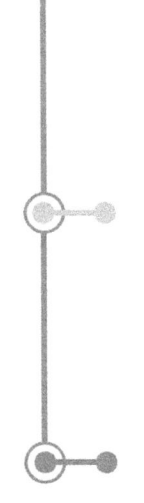

学习目标

目标类型	目标要求
知识目标	(1)掌握空调制冷系统的基本概念
	(2)掌握城市轨道交通车辆空调制冷系统的组成和功能
	(3)了解蒸汽压缩式制冷系统的应用领域
	(4)了解制冷的方式
技能目标	(1)能列出城市轨道交通车辆空调系统各部分组成
	(2)会维护制冷系统各部件
	(3)会对制冷系统故障进行检查、维修
情感目标	(1)能进行团队协作
	(2)积极参与学习过程,遵守秩序,服从安排

学习准备

(1)教学场地:在互联网多媒体教室及车辆电气实训室中进行,课后可实地参观。

(2)设备要求:至少具有能连接互联网的多媒体教室一个,要有能播放视频、投影的设备。

(3)准备笔记本、签字笔等学习用具。

(4)利用网络查询城市轨道交通车辆空调维护与检修相关信息。

(5)进入实训场地应着工作服、运动鞋。

任务一　空调制冷系统的认知

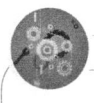

任务目标

通过对城市轨道交通车辆空调制冷系统认知任务的学习,能够对制冷系统的工作原理、制冷系统四大部件有较深入的理解,并了解制冷技术在各个生活、生产领域的应用。

任务分析

本任务主要掌握城市轨道交通车辆空调制冷系统的结构组成,制冷系统各部件的作用,并能通过制冷系统管道温度高低来对制冷系统的工作状态正常与否进行判断。实施任务时要特别注意安全要求和规范,特别是带电状态下对管道的温度进行判别的时候,一般以学习小组为单位实施。

任务实施

一、任务准备

在城市轨道交通车辆空调制冷系统的讲解和认知过程中,一定要注意加强人身及设备安全、操作规范等方面的学习,不得随意触碰带电部分,在老师指导下进行相关操作,认知过程中注意多看、多听,在安全的前提下多摸,以对制冷系统的工作过程及状态有较强感观认识。

(一) 城市轨道交通车辆空调制冷系统结构及原理概述

城市轨道交通车辆空调与其他车辆空调制冷方式均为蒸汽压缩式制冷，主要从其方便性、安全性、经济性及维修性等方面考虑。蒸汽压缩式制冷系统是由压缩机、冷凝器、节流装置、蒸发器四个主要部分组成，用管道依次连接，形成一个完全封闭的系统，制冷剂在这个封闭的制冷系统中以流体状态循环，通过相变，连续不断地从蒸发器中吸取热量，并在冷凝器中放出热量，从而实现制冷的目的。其中压缩机为整套系统的关键部件，节流装置为膨胀阀或者毛细管，冷凝器和蒸发器均为换热器。

国内城市轨道交通车辆空调制冷装置在结构布置上基本类似，根据各地使用环境、运行条件等差异，具体性能、参数、控制等有所不同。

用一定的方法使物体或空间的温度低于周围环境介质的温度，并且使其维持在某一范围内，这个过程称作制冷。制冷的方式大致有五种：①蒸汽压缩式制冷；②半导体制冷；③吸收式制冷；④蒸汽喷射式制冷；⑤涡流管制冷。一般车辆空调制冷装置都采用蒸汽压缩式制冷，这主要从其使用的方便性、安全性、经济性及维修性等方面考虑。

(二) 蒸汽压缩式制冷的基本原理

在一定的压力下，液体温度达到沸点(等于饱和温度)就会沸腾。在制冷技术中，常把这个饱和温度称为蒸发温度。沸腾的液体如果继续吸热，它就会因吸收了汽化潜热而相变成饱和蒸汽。在同一压力下，不同液体的蒸发温度不同，所吸收的汽化潜热也不同。例如，在一个大气压下，水的蒸发温度为100 ℃，汽化潜热为2 258 kJ/kg；而氟利昂-12(R-12)的蒸发温度为-29.8 ℃，汽化潜热为165.3 kJ/kg。

例如，若将一个盛满低温R-12液体的容器敞开口，放在密闭的被冷却的空间内，由于被冷却空间内空气的温度高于R-12的沸点，所以R-12液体将吸热而汽化，使被冷却空间内空气温度逐渐下降，这个降温过程直到容器内的R-12液体汽化完为止。为了将汽化的R-12蒸气回收使用，需将它再冷却成液体，如用环境介质(如大气或水)来冷凝，蒸气的冷凝温度就要比环境介质的温度稍高一些。我们知道，压力较高的蒸气其冷凝温度也较高，因此只要将R-12蒸气用压缩机压缩到所需的冷凝温度相对应的饱和压力，就能使环境介质来冷凝它，使在被冷却空间吸热汽化的R-12蒸气重新冷凝成液体。由于冷凝后制冷剂液体的温度还高于被冷却空间空气的温度，因此必须让冷凝后制冷剂液体降压、降温，使其温度低于被冷却空间温度，这样降压、降温后的制冷剂液体就可以在被冷却空间内重新吸热汽化。制冷剂在一个封闭的系统中，只消耗压缩机的功就能反复地实现制冷剂由液体变为蒸气，再由蒸气变为液体的相态变化，并通过这种相态变化将低温处的热量转移到高温处去，这就是蒸汽压缩式制冷的基本工作原理。

(三)蒸汽压缩式制冷循环系统的组成及工作过程

1.蒸汽压缩式制冷循环系统的组成

蒸汽压缩式制冷机组主要是由蒸发器、压缩机、冷凝器和节流装置四个部件组成的,并用管道连接,形成一个封闭的循环系统,如图 2-1-1 所示。

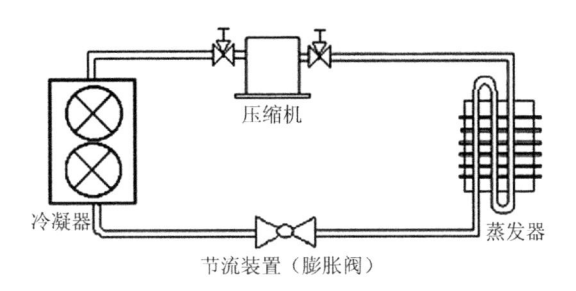

图 2-1-1 蒸汽压缩式制冷循环系统原理图

(1)蒸发器。

蒸发器由一组或几组盘管组成。低温液态制冷剂进入蒸发器盘管流动时,通过管壁吸收管周围介质(空气或水)的热量而沸腾汽化(工程上简称为蒸发),使盘管周围的介质温度降低或保持一定的低温状态,从而达到制冷的目的。

可见,蒸发器是使低温液态制冷剂与需要制冷的介质交换热量的换热器。因此,蒸发器盘管应置于需要制冷的空间介质中。例如,电冰箱或冷库的蒸发器放在冷藏室或冷冻室内;房间空调器的蒸发器放在空调房间的墙内侧,并做空气冷却器;冷藏车的蒸发器放在需要冷却降温的货物间内等。

制冷剂在蒸发盘管内沸腾汽化时保持温度和压力不变,相应的温度和压力称为蒸发温度和蒸发压力。蒸发温度随蒸发压力的增大而升高,它们有确定的对应关系。同时,通过控制或调节蒸发压力即可控制或调节蒸发温度。由于蒸发温度通常都很低,因而对应的蒸发压力也较低。相对于冷凝器,制冷剂在蒸发器中处于低温、低压状态。

制冷剂在蒸发器中沸腾汽化时从制冷空间介质吸收的热量,就是制冷系统的制冷量。

(2)压缩机。

压缩机的作用就是将从蒸发器流出的低压制冷剂蒸气压缩,使制冷剂蒸发压力提高到与冷凝温度相对应的冷凝压力,从而保证制冷剂蒸气进入冷凝器后在常温下被冷凝液化。制冷剂蒸气经压缩机压缩后,温度也将会升高。因此,相对于蒸发器,经过压缩机进入冷凝器的制冷剂处于高温、高压状态。

一般压缩机是由电动机带动压缩蒸汽来做功的。因此,压缩机的作用实质上是消耗外功,迫使制冷剂把从制冷空间(低温热源)吸收的热量排放给环境(相对于制冷空间为高温热源)。这与热力学第二定律是一致的。因为热力学第二定律表明,热量不能自发地从低温物体传给高温物体。

(3)冷凝器。

为了使制冷剂能被反复利用,需将来自压缩机的制冷剂蒸气冷凝还原成液态。冷凝器就是使气态制冷剂向环境介质放热而冷凝液化的换热器。制冷剂蒸气在冷凝器内冷凝液化时也保持温度和压力不变,相应的温度和压力称为冷凝温度和冷凝压力。冷凝温度随冷凝压力的增大而升高,它们也有确定的对应关系。这种对应关系也可利用其饱和蒸汽表或压焓图查取。

从经济和方便的角度考虑,用来使制冷剂蒸气冷凝的冷却介质应是常温的空气或水。利用流动空气来冷却的冷凝器,称为风冷式冷凝器;利用流动水来冷却的冷凝器称为水冷式冷凝器,流经水冷式冷凝器的水称为冷却水。

制冷剂在冷凝器中向冷却介质排放的热量称为冷凝器的热负荷。

(4)节流装置。

由于在冷凝器中用空气或常温的水来使制冷剂蒸气冷凝,冷凝温度就高于蒸发温度,对应的冷凝压力也高于蒸发压力。所以,在进入蒸发器前必须使它降温、降压。为此,让冷凝液先流经节流装置或绝热节流,将压力和温度降至所需要的蒸发压力和蒸发温度后再进入蒸发器蒸发制冷。

液态制冷剂在节流的过程中,因吸收摩擦热,将有少量液体汽化为蒸气(称为闪发蒸气),因此节流装置出口的制冷剂是干度很低的低温低压湿蒸气。

常用的节流装置有手动节流阀、浮球节流阀、热力膨胀阀或毛细管。在城市轨道交通车辆空调机组制冷系统中,常用毛细管作为节流装置。

2.蒸汽压缩式制冷循环系统的工作过程

其工作过程如下:

(1)制冷剂液体在蒸发器中吸收被冷却物体(如室内的空气)的热量,汽化成低压低温的蒸气后被压缩机吸入。

(2)压缩机消耗一定的机械能将制冷剂蒸气压缩成压力、温度都较高的蒸气并将其输入冷凝器。

(3)高温、高压的制冷剂蒸气在冷凝器内被环境空气(或水)冷却,制冷剂蒸气放出热量后被冷凝成液体,此时的制冷剂液体还处于高温、高压状态。

(4) 高温、高压的制冷剂液体经过节流装置节流、降压、降温后进入蒸发器。此时的制冷剂液体已变为低温、低压状态。在蒸发器中,低温、低压的制冷剂又吸收被冷却物体的热量蒸发成相对的低温、低压的制冷剂蒸气,再被压缩机吸入,如此周而复始地循环。

(四) 蒸汽压缩式制冷的应用

在普通制冷温度范围内,蒸汽压缩式制冷方式占主导地位,其他任何制冷方式是无法与之抗衡的。蒸汽压缩式制冷最早是用来保存食品和降低房间温度,随着科学技术和社会文明的进步,它的应用几乎渗透到各个生产技术、科学研究领域,在改善人类的生活质量方面发挥了巨大作用,具体的应用领域如下。

1. 商业及人民生活

食品冷冻冷藏和舒适性空气调节是制冷产品应用最为广泛的领域。

商业制冷主要用于对各类食品冷加工、冷藏储存和冷藏运输,使之保质保鲜,满足各个季节市场销售的合理分配,并减少生产和分配过程中的食品损耗。现代化的食品工业,从生产、储藏到销售,有一条完整的"冷链"。所使用的制冷装置有:各种食品冷加工装置、大型冷库、冷运汽车、冷藏船、冷藏列车、分配性冷库,供食品零售商店、食堂、餐厅使用的小型装配性冷库、冷藏柜、各类冷饮设备、食品冷陈列柜,直至家庭用的电冰箱。

舒适性空气调节为人们创造适宜的生活和工作环境,如家庭、办公室用的局部空调装置或房间空调器;车站、机场、宾馆、商厦、影剧院、办公楼等使用的集中式空调系统;各种交通工具,如轿车、客车、飞机、火车、船舱等的空调设施;文物档案保藏馆室的空气调节装置等。

体育馆、游乐场所除采用制冷提供空气调节之外,还用制冷建造人工冰场。

2. 工业生产及农牧业

许多生产场所需要用制冷提供生产性空气调节系统。例如,纺织厂、造纸厂、印刷厂、胶片厂、精密仪器车间、精密加工车间、精密计量室、计算机房等的空调系统,为各生产环境提供其所必需的恒温、恒湿条件,以保证产品质量或机床、仪表的精密度及精密设备的正常特性。

机械制造中,对钢进行低温处理($-90 \sim -70\ ℃$)可以改变其金相组织,提高强度和硬度。在机器的装配过程中,利用低温方便地进行零件间的过盈配合。化学工业中,借助于制冷,使气体液化、混合气分离,带走化学反应中的反应热。盐类结晶、润滑油脱脂需要制冷;石油裂解、合成橡胶、合成树脂、燃料生产、化肥生产需要制冷;天然气液化、脱水、储运也需要制冷。在钢铁工业中,高炉鼓风需要用制冷的方法先将其除湿,再送入高炉,以降低铁水的焦化比,保证铁水质量。

3. 建筑工程与隧道交通

利用制冷实现冻土法开采土方。在挖掘矿井、隧道,建筑江河堤坝时,或者在泥沼、沙水中掘进时,采用冻土法保持工作面,避免坍塌和保证施工安全。拌和混凝土时,用冰代替水,借冰的熔化热补偿水泥的固化反应热。这在制作大型独柱混凝土构件时十分必要,可以有效地避免大型构件因散热不充分而产生内应力和裂缝等缺陷。

目前我国城市发展规模是以大城市发展为中心的城市群或城市带。伴随而来的是城市轨道交通,最重要的是地下交通的发展。地下或海底隧道中,随地铁运行隧道内温度逐渐上升,隧道内的环境控制问题和车内的空气调节都将靠蒸汽压缩式制冷来解决。

4. 科学实验研究

各种环境模拟装置中,用制冷创造人工环境,为科学研究和生产服务。例如,国防工业领域中,高寒条件下工作的发动机、汽车、坦克、大炮等的性能需要先在相应环境条件下做模拟实验;航空、航天仪表,火箭、导弹中的控制仪,也需要在地面做模拟高空环境下的性能实验。低压、低温环境实验装置为这些研究提供了条件。

气象科学中,综合云雾室的制冷系统可提供 35~45 ℃ 的温度条件。云雾室用于人工气候的实验中,研究雨滴、冰雹的增长过程,冷暖催化剂和各种催化剂作用方法及扰动对云雾的宏观、微观影响,模拟云的物理现象等。

5. 医疗卫生

制冷在医疗卫生方面发挥日益重要的作用。冷冻医疗是可靠、安全、有效易行和经济的治疗方法;用局部冷冻配合手术有很好的治疗效果,如肿瘤、扁桃体切除,心脏、皮肤、眼球移植等;手术中采用低温麻醉;疫苗、药品需要冷冻保存;骨髓、胎肝和外周血干细胞的深低温冷冻;诸多的医疗器械,如治疗仪、诊断仪(如基因扩增仪)等都使用了制冷手段,其中多采用蒸汽压缩式制冷。

(五)制冷剂液体过冷和吸气过热对制冷循环的影响

1. 制冷剂液体过冷的影响

在理论循环中,我们认为从冷凝器中流出和进入节流装置的制冷剂都是饱和液体状态,而在实际制冷装置中,制冷剂在冷凝器中冷凝成液体后因继续向外放热而变成过冷液体(未饱和液体)后才流出,特别在车辆制冷装置中,冷凝器采用风冷,液体的冷凝温度总是高于环境温度,从冷凝器出来的制冷剂液体在储液器和管路中流动还要不断向外界放热而继续过冷。饱和温度与过冷液体的温度的差值称为过冷度。因此,制冷剂从冷凝器流至节流装置前总有一定的过冷度。过冷度越大,节流损失就越少,单位质量制冷量就越大,因此制冷剂液体的过冷循环将提高制冷系数。

2.吸气过热的影响

在理论循环中,我们假定由蒸发器流出和被压缩机吸入的制冷剂都是饱和蒸汽,从蒸发器出口至压缩机吸入口之间的管路不存在热交换。实际上,制冷剂的蒸气温度总是低于被冷却介质的温度,从蒸发器流出的饱和制冷剂,在通过吸气管流进压缩机时,还将从冷却介质处或外界吸收部分热量而变成过热蒸汽,因此压缩机实际吸入的是过热蒸汽。如果制冷装置所采用的压缩机要求低温制冷剂蒸气冷却电机(如全封闭式和半封闭式压缩机),制冷剂蒸气在到达压缩机吸气腔时的过热度就会更大。

若吸入蒸气的过热热量全部来自被制冷的室外,则会增加冷凝器的热负荷。这种过热度越大,制冷系数和单位容积制冷量降低越多,所以称为有害过热。为了减少管路的有害过热,吸气管路都必须用隔热材料包扎起来。

若吸入蒸气的过热热量全部来自被制冷的室内,则制冷剂的单位质量制冷量就应该由蒸气制冷部分和过热阶段所吸收的热量两部分组成。这时制冷系数比理论循环提高了,所以这种过热对制冷循环是有益的。

实际上,为了保证制冷装置的压缩机运转安全,总是使压缩机吸气有一定的过热度。若没有吸气过热度,压缩机吸入的蒸气就难免带入未蒸发完的少量液滴,液滴在气缸中受热产生急剧的汽化,不仅会降低压缩机的实际吸气量,而且液体多时,甚至可能引起液击事故,所以压缩机吸气要有一定的过热度。

(六)车内制冷循环

车内的循环空气及由新风口进入的新鲜空气,由机组的通风机吸入,在蒸发器前混合,通过蒸发器得到冷却,并由机组出风口送入车顶通风道各格栅,向车内吹出冷风。在制冷系统连续工作下使车内温度逐渐降低,并由温度调节器自动调节车内空气温度。

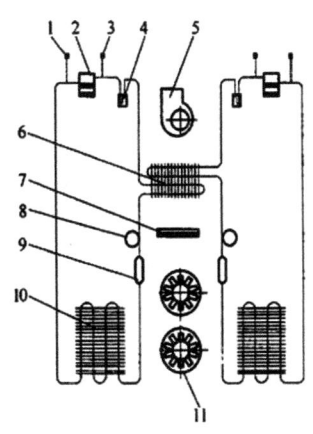

图 2-1-2 车辆空调制冷循环系统

1.高压开关;2.压缩机;3.低压开关;4.气液分离器;
5.通风机;6.蒸发器;7.电加热器;8.毛细管;
9.干燥过滤器;10.冷凝器;11.冷凝风机

二、操作步骤

（一）城市轨道交通车辆空调制冷系统的认识

（1）说出城市轨道交通车辆空调制冷系统的组成结构及工作原理。

（2）对照实物说出城市轨道交通车辆空调制冷系统的四大部件。

（二）蒸汽压缩式制冷循环系统的认识

（1）说出蒸汽压缩式制冷循环系统的组成结构及工作原理。

（2）用手感受管路的工作温度并对工作状态做出判断。

拓展知识

一、制冷剂

制冷剂是制冷系统中完成制冷循环所必需的工作介质，也称制冷工质。制冷剂的热力学状态在制冷循环中是不断发生变化的，制冷剂借助于热力学状态变化将被冷却系统的热量连续不断地传递给高温热源，以完成制冷循环。如果把压缩机当成制冷系统的心脏，则制冷剂可视为血液。

可以当作制冷剂的物质有几十种，但目前工业上常用的不过十余种。按照它们在标准大气压条件下沸腾温度的高低，一般可将其分为三大类：高温制冷剂、中温制冷剂和低温制冷剂。一是低温制冷剂：冷凝压大于 2 MPa，正常汽化温度低于 −70 ℃，主要有 R13、R14 和 R503 等，适用于低温制冷装置及复叠式制冷的低温部分。二是中温制冷剂：冷凝压介于 0.3~2 MPa 之间，正常汽化温度介于 −70~0 ℃ 之间，主要有 R12、R22 和 R502 等，适用于电冰箱及中、小型空调器、城市轨道交通车辆空调。三是高温制冷剂：冷凝压介于 0.2~0.3 MPa 之间，正常汽化温度大于 0 ℃，主要有 R11、R21 和 R114 等，多用于空调系统的离心式压缩机（大宾馆的中央空调）。

目前城市轨道交通车辆空调使用的制冷剂主要是 R134a 和 R407c。

二、压缩机吸气温度

压缩机吸气温度是指从压缩机吸气截止阀前面的温度计读出的制冷剂温度。为了保证压缩机的安全运转，防止产生液击现象，要求吸气温度比蒸发温度高一点，即应具有一定的过热度。过热度的大小可通过调节膨胀阀开启度来实现。

任务评价

表 2-1-1 评价表

评价内容		评价标准	分值	学生自评	教师评价
理论评价	空调制冷系统相关知识	(1)是否能描述空调系统的组成、作用及特点 (2)是否能说出常见的制冷方式	25分		
	空调制冷系统的工作原理	(1)是否能描述制冷系统的工作原理。 (2)是否能说出制冷系统的主要部件	25分		
技能评价	制冷系统主要部件的工作状态	(1)是否能指出正常状态下制冷系统主要部件的工作状态 (2)是否能判断制冷系统的故障	35分		
情感评价	学习态度	(1)是否能积极思考,回答问题,与教师进行互动 (2)是否有充分的课前准备,教材及学习用品是否齐备	5分		
	操作规范	操作是否规范	5分		
	团队协作(在任务中请教他人或帮助他人)	是否具有团队协作精神	5分		
总分			100分		
学习体会:					

课后练习

(1)简述蒸汽压缩式制冷方式的工作原理。

(2)冷凝器和蒸发器的作用是什么?影响其换热的因素有哪些?

(3)制冷剂在冷凝器、蒸发器中是如何变化的?

任务二 空调制冷系统的维护

任务目标

通过对城市轨道交通车辆空调制冷系统部件日常维护、保养知识的学习,能够掌握基本的维护保养技能,提高设备的稳定性和可靠性,最大限度地提升设备的性能及寿命。

任务分析

本任务主要掌握城市轨道交通车辆空调制冷系统各主要部件的维护,对其维护流程要清楚,保养要按规定要求做,对部件的拆装及工具的使用要注意流程规范。实施任务时要特别注意安全要求和规范,使用拆装工具时注意力度的掌握,一般以学习小组为单位实施。

任务实施

一、任务准备

警告!工作中必须注意人身及设备的安全。要遵守安全操作规程,不得随意触动带电部分,要尽可能切断电路电源,在不带电的情况下对制冷系统部件进行保养、维护。

(一)压缩机的维护

压缩机作为城市轨道交通车辆空调机组的重要组成部件,必须定期对压缩机添加润滑油进行保养。有三种方式可以加入润滑油,分别是从吸气截止阀旁边通孔吸入,从加油孔中加入或从曲轴箱下部加入。维护保修人员可以在使用一段时间之后,用手指揿住吸油管口,启动压缩机将曲轴箱内空气抽出。如果发现液击现象,则让压缩机继续运转 2~3 min,使曲轴箱内呈真空状态,当揿住管口的手指感到有一股较强的吸力时即停。最后打开吸排气截止阀,加油工作完成。

一般在正常使用的情况下,排除外因,空调压缩机是不太可能会出现故障的,但我们不能保证故障不会发生,所以我们对压缩机的日常维护是必不可少的。

压缩机维护注意事项:

(1) 压缩机的维护必须由专业技术人员进行。

(2) 压缩机在维护保养时应确认电源已被切断,并在电源处挂"检修"或"禁止开闸"等警告标志,以防他人合闸送电造成伤害。

(3) 停机维护时必须等待整部压缩机冷却后及系统压缩空气安全释放。

(4) 清洗机组零部件时,应采用无腐蚀性安全溶剂,严禁使用易燃易爆及易挥发清洗剂。

(5) 压缩机的零配件必须是正厂提供,其螺杆油必须为指定专用油,并且两种品牌的油严禁混用,否则会引起重大事故。

(二) 冷凝器的维护

车辆空调机组工作一段时间后,冷凝器的散热片上比较容易落上灰尘等异物,这会影响换热效率,使高压侧的压力升高,所以应定期进行检查清扫(吹风)或清洗,清洗时需拆下冷凝器上部盖板。

空调机组的运行周期和环境状况决定了换热器需要清洗的频率。在任何情况下,冷凝器在每年的维护周期中都要被清理,清理程序如下。

(1) 检查表面的洁净状况,清除大的障碍物。

注意:在大修期间,把空调机组从车体上拆下,用水直接向冷凝器内侧换热器喷射的同时,用毛刷清除沉积的污垢。

(2) 任何与换热器相邻且与换热器的清理相干涉的元件都被拆除,这个规则同样适用于任何与正在进行清理操作的设备相干涉的设备元件。

(3) 拆下后左盖板和后右盖板。

(4) 用软毛刷清除换热器表面的污垢。这样的清理必须使用软毛刷,以免损坏换热器的翅片,直至清除所有的树叶、羽毛等。

注意:清洗时不要让杂物在换热器上大范围移动,以免引起大面积的损坏。

(5) 打开高压清洗机,选择热水挡,设置水温为 70 ℃,清洁剂浓度为 2.0%或 3.0%。

(6) 使用喷头以 90 ℃方向向上和向下清洗换热器表面。

(7) 关闭清洁机 5~15 min,使清洁剂慢慢地发挥效力。

(8) 一旦换热器清理洁净,打开清洁机,设置成热水挡(清水,无清洁剂)。

(9) 用清水彻底漂净换热器,目视检查有没有残余,必要时重复漂洗。

(10) 用冷水(无清洁剂)重复漂洗程序,直到换热器和翅片完全没有清洁剂残留。

(11) 换热器清洗完毕后,清洗机组支撑架上的残留污垢。

(12) 用专用调片器修理弯曲的翅片。

(13) 安装空调机组各盖板,恢复机组。

(三) 蒸发器的维护

车辆空调机组工作一段时间后,蒸发器散热片的表面也会落上灰尘,会使室内通风机风量减小,冷量不足,甚至会导致蒸发器表面的凝结水被通风机吹入风道内,并通过出风口滴入车内,所以视灰尘的附着情况应定期清扫或清洗。

所用工具、消耗品、检修周期及操作程序同冷凝器的清扫。

(四) 冷凝风机的维护

冷凝风机工作一段时间后,会在叶片上积上灰尘,这会影响空气处理的效果,使空气状态达不到设计要求,因此,对冷凝风机应加强日常维护保养。其操作程序如下。

(1) 打开盖板。

(2) 检查冷凝风机的油漆是否有脱落现象,如有必要,使用防锈漆刷在油漆脱落的部位,防止生锈。

(3) 检查设备固定螺栓。

(4) 检查接线端子。

(5) 检查轴承。

(6) 检查电机轴和叶片,如有松动,将其紧固。

(7) 用压缩空气清洗风机叶片,必要时用软毛刷和清洗剂清洗。

(8) 盖上盖板,试运转冷凝风机,检查风机有无异响,如有必要,更换冷凝风机。

(9) 换下的风机,如果轴承发生故障,则更换轴承。

注:蒸发风机的维护同上。

(五) 干燥过滤器的维护

干燥过滤器用于吸收制冷系统回路中可能存留的少量潮气和杂质,以防止在膨胀机构的节流口处形成冰堵或脏堵以及杂质对压缩机的损坏。

可根据视液镜内圆芯纸颜色来判断是否需要更换干燥过滤器,如颜色为粉红色时,则必须尽快更换干燥过滤器。

更换干燥过滤器注意事项:

(1)必须确保更换部件区域附近管路没有制冷剂。

(2)安装新的过滤器后,对干燥过滤器区域的气密性(用氮气检测)进行检查。

(3)充氮保压气密性检查合格后,还应对干燥过滤器区域进行抽空,防止空气或氮气进入制冷系统的回路。

(六) 温度传感器的维护

温度传感器主要用于检测新风、回风和供风的温度,监控乘客车厢内的制冷情况,并将实时值传送给空调控制器以选择适当的运行模式。城市轨道交通车辆运行时间久了之后,会在温度传感器表面附着上灰尘,影响其测温精度以至于不能让空调控制器选择合适的运行模式,所以需定期对温度传感器进行保养维护。

二、操作步骤

(一) 压缩机的维护

(1)找出压缩机的具体位置。

(2)准备好维护专用工具和设备。

(3)按照操作流程对压缩机进行维护、保养。

(二) 冷凝器的维护

(1)找出冷凝器的具体位置。

(2)准备好维护专用工具和设备。

(3)按照操作流程对冷凝器进行维护、保养。

(三) 蒸发器的维护

(1)找出蒸发器的具体位置。

(2)准备好维护专用工具和设备。

(3)按照操作流程对蒸发器进行维护、保养。

(四) 冷凝风机的维护

(1)找出冷凝风机的具体位置。

(2)准备好维护专用工具和设备。

(3)按照操作流程对冷凝风机进行维护、保养。

(五) 干燥过滤器的维护

(1) 找出干燥过滤器的具体位置。

(2) 准备好维护专用工具和设备。

(3) 按照操作流程对干燥过滤器进行维护、保养。

(六) 温度传感器的维护

(1) 找出温度传感器的具体位置。

(2) 准备好维护专用工具和设备。

(3) 按照操作流程对温度传感器进行维护、保养。

拓展知识

设备维护保养的概念和意义

设备保养的概念。机械设备使用的前提和基础是设备的日常维护和保养。设备维护保养包含的范围较广,包括:为防止设备劣化,维持设备性能而进行的清扫、检查、润滑、紧固以及调整等日常维护保养工作;为测定设备劣化程度或性能降低程度而进行的必要检查;为修复劣化,恢复设备性能而进行的修理活动。

设备保养的意义。设备在长期、不同环境中的使用过程中,机械的部件磨损,间隙增大,配合改变,直接影响到设备原有的平衡,设备的稳定性、可靠性、使用效益均会有一定程度的降低,甚至会导致机械设备丧失其固有的基本性能,无法正常运行。因此,设备就要进行大修或更换新设备,这样无疑增加了企业成本,影响了企业资源的合理配置。为此必须建立科学的、有效的设备管理机制,加大设备日常管理力度,理论与实际相结合,科学合理地制订设备的维护、保养计划。

为保证机械设备经常处于良好的技术状态,随时可以投入运行,减少故障停机率,提高机械完好率、利用率,减少机械磨损,延长机械使用寿命,降低机械运行和维修成本,确保安全生产,机械保养必须贯彻"养修并重,预防为主"的原则,做到定期保养、强制进行,正确处理使用、保养和修理的关系,不允许"只用不养,只修不养"。

任务评价

表 2-2-1 评价表

评价内容		评价标准	分值	学生自评	教师评价
理论评价	维护保养的基础知识	(1)是否能描述维护保养的意义 (2)是否能说出维护保养的操作流程	25分		
技能评价	冷凝器的维护	是否能按规程对冷凝器进行维护	20分		
	风机的维护	是否能按规程对风机进行维护	20分		
	温度传感器的维护	是否能按规程对温度传感器进行维护	20分		
情感评价	学习态度	(1)是否能积极思考,回答问题,与教师进行互动 (2)是否有充分的课前准备,教材及学习用品是否齐备	5分		
	操作规范	操作是否规范	5分		
	团队协作(在任务中请教他人或帮助他人)	是否具有团队协作精神	5分		
总分			100分		
学习体会:					

课后练习

(1)简述维护保养的意义。

(2)试分析温度传感器失效对制冷系统的影响。

任务三　空调制冷系统的检修

任务目标

通过对城市轨道交通车辆空调制冷系统故障检查及维修方法的学习，掌握制冷系统正常的工作状态，掌握制冷系统故障的检查方法，即按照一看、二听、三摸、四测、五析的操作步骤进行故障检查，并能对其故障进行处理。

任务分析

本任务主要培养对车辆空调制冷系统的故障判断与检查能力。故障判断的基础是熟悉空调制冷系统的工作原理以及其正常运行的特征和参数，在确定有故障的前提下再按照一看、二听、三摸、四测、五析的操作步骤进行故障检查。特别要注意检查故障的流程应正确，检查的现象与参数要完整、清晰地记录。

任务实施

一、任务准备

对整个空调机组来说，制冷系统故障是其最常见的故障，并且会对城市轨道交通车辆的运行带来不良的影响。制冷系统故障较容易从表面现象体现出来，因此，检查和分析故障可以从直观的表面故障现象入手，再按制冷系统的运行规律，逐层深入有关部件的检查。

(一)空调机组的正常工作状态

单元式空调机组是全封闭式压缩机以及其他部件组成的封闭制冷循环系统。由于机组采用全封闭的结构,机组上不设压力表,所以无法直接掌握系统内部的工作压力变化。要判断机组工作状态,只能通过客室降温、通风情况,机组电气控制设备的工作状态,仪表显示和指示灯显示情况等进行分析推断。

因此,必须熟练掌握机组工作中的正常状态,以区别发生故障的不正常状态,才能较为准确地判断空调机组的运行情况。

机组正常工作的特点如下所述:

(1) 当闭合制冷工况转换开关启动机组,通风机、冷凝风机运转后,压缩机应延时启动,并且各台压缩机的启动时间应相互错开。各电动机在启动时应没有异常的震动及摩擦声响。压缩机的启动应平稳,无剧烈震动,没有敲击声或拉锯声。机组工作后应运转平稳,无特别噪声。

(2) 机组启动一定时间后,客室各出风口应有冷风吹出,室内温度均匀下降。

(3) 机组在"强冷"(双机组工作)时,回风口和出风口温差在 8~10 ℃范围内是正常的。

(4) 机组工作电流的大小对反映压缩机组工作状态有重要参考价值,具体车型应具体分析。

(5) 空调温控情况良好,外温在 36 ℃左右时,客室内温度能控制在 22~27 ℃。

(6) 通风系统良好,各空气滤网清洁,无堵塞现象,出风口或回风口无水滴出。

图 2-3-1 空调机组

(二)制冷系统检查故障的方法与步骤

1.检查故障的方法

看、听、摸、测。

2.故障检查的步骤

首先,排除空调机组本身问题造成的故障。如温度设定值过高或电源电压过低导致空调无法启动。其次,检查电气部分。可从电源主回路查到控制回路,也可从控制回路查到主回路。如果电气回路本身没有问题,故障发生原因往往在于制冷系统,则对制冷系统进行故障查找和分析。

3.制冷系统故障

制冷系统主要故障有不制冷、制冷效果差等现象。

(三)制冷系统的故障检查

制冷系统的故障主要表现为冷气不足、没有冷气、有震动等现象。具体制冷系统故障检查从以下方面着手。

1.查看风机部分

观察压缩机吸气管结露程度:

(1)压缩机的吸气管全部结露,以致压缩机外壳有小部分(吸气管进泵壳处周围)结露。这时的吸气温度比较低,有利于降低排气温度,其制冷剂量也适中。

(2)压缩机吸气管不结露,排气温度高,外壳较热(但不烫手),说明制冷剂量偏少。

(3)压缩机吸气管结露以至整个外壳结露或3/4以上外壳结露,说明制冷剂量偏多。

2.查看泄漏点

查看连接管各焊接点处是否有油迹,有油迹的接头处一般可能会泄漏。

3.听压缩机的运行噪声

压缩机的噪声是由震动产生的,因压缩机经过一系列避震措施后,其运行噪声是比较低的。如果噪声限制在标准规定的范围内,是允许存在的,超出这个范围的噪声,其表现为较强烈的震动,属不正常运行。

4.听节流元件的流动声

无论是毛细管还是热力膨胀阀,由于节流时的流速突然剧增(压差很大,能达到1.1~1.5 MPa),其流动声音比较明显,可以听其流动声来辨别其流量,进而判断制冷剂量是否充足。

(1)正常的流动是气液混合体的流动(液体占80%以上),其流动声比较低沉,说明制冷剂量充足。

(2) 不正常的流动是气体流动(极大部或大部)。若其声音比较洪亮,比正常声音大,一般说明制冷剂量不足。

5.听机组运行时的碰撞声

一般压缩机吸排气管抖动时,有与壳体碰撞声。如果压缩机震动较大而引起与底盘的共振,这种声音便不正常了。

6.触摸压缩机的吸排气管的冷热程度

压缩机的吸气管应是凉的,一般应在 15 ℃左右为好,因为有结露,摸上去是湿润的。若手摸吸气管感觉不凉,且无湿润感,说明运行不良或缺氟,引起排气温度上升。

压缩机的排气管是热的,而且温度高,甚至会达到 100 ℃左右,若排气温度过高(如超过 130 ℃)也不好,会使冷冻机油积炭;若排气温度太低,手触摸不觉发烫是缺少制冷剂或有其他故障的预兆,应引起注意。因此排气温度要适中。

7.摸压缩机外壳的冷热程度

全封闭式压缩机,其外壳各部分温度是不同的,正常情况下,吸气管周围局部地方是凉的,是湿润的;外壳上部是微热或微凉的,其温度一般为 20~30 ℃;外壳下部比较热,其热源是各运行件的摩擦热传给冷冻机油,冷冻机油回到壳底部而释放出的热量,其温度一般在 60 ℃以内,手在短时间内可以触摸。

8.摸压缩机组的震动程度

手摸机组感觉震动很大,属不正常现象,应检查压缩机地脚螺栓的避震器安装是否正常,检查机组底座的刚性。

(四) 制冷系统故障判断与处理

1.压缩机不启动

开机后通风机、冷凝风机运转,而压缩机不运转,且电机发生"嗡嗡"的电磁噪声。这是压缩机不启动或电机做极慢速度的运转,时间稍长一点,过载保护器就会动作而切断电源。这类故障主要出在压缩机内。

(1) 压缩机机械部分故障:压缩机内部机械部分发生故障,造成压缩机损坏。

处理方法:更换压缩机。

(2) 压缩机电气部分故障:压缩机电机绕组短路或绝缘层严重老化,电机运转慢,电流极大,并发出"嗡嗡"噪声,启动不久保护器件动作,使压缩机停机。

处理方法:更换压缩机。

2.压缩机运行中突然发生故障停机

制冷系统部分故障主要特征是吸气压力低于压力继电器整定值或排气压力高于

压力整定值,引起高压或低压保护开关起跳,使压缩机停机。

(1) 制冷系统制冷剂泄漏后制冷剂量不足。吸气压力过低,毛细管中流动声大(气体流动),吸气管不结露。

处理方法:检查补漏并补充制冷剂。

(2) 干燥过滤器阻塞(也许局部产生冰堵,部分毛细管不通)不畅通。吸气压力过低,毛细管中流动声大(气体流动),吸气管不结露,干燥过滤器外部发凉。

处理方法:拆下检修或更换。如果怀疑冰堵,可停一会儿机组,再开后观察效果,如有部分缓解,应更换干燥剂。

(3) 制冷剂过量。这种情况往往在刚刚对系统充氟后出现。部分管路的容积被液体占据,排气压力过高,吸气管和泵壳结露很多,超载运行,引起热保护器动作。

处理方法:放掉部分制冷剂到规定量(吸气管结露)为止。

(4) 制冷系统吸入空气。部分冷凝管被空气占据,排气压力高,排气温度特高,吸气压力也高,泵壳很热,造成保护电器动作。

处理方法:停机排空气。

(5) 冷凝器外部结垢。通风不畅,风量很小,进出风温差大,冷凝压力超高且外表热。

处理方法:用刷子、翅片梳清理或高压空气、高压水冲刷干净。

(6) 车内严重超员,热量大。处于高温运行(超负荷),吸排气压力都高,过载保护器动作。

处理方法:应暂停压缩机,单开冷凝风机,观察效果。如果不见效,开"强冷",增大制冷量,多台空调机组同时工作。

3. 制冷效果差

(1) 系统内制冷剂泄漏,机组工作电流显示偏低。

处理方法:找出泄漏点,并更换泄漏点处管路,最后加注制冷剂。

(2) 各空气滤尘网污脏堵塞,主要是蒸发器太脏及回风滤网堵塞,造成热交换不良。

处理方法:拿下滤网清洗,及时清理干净。清理蒸发器,用压缩空气或碱性清洗剂浸一会儿后,再用高压水冲洗,拿下滤网清洗。保证换热效果。

(3) 蒸发器结冰,主要原因是蒸发器冰堵非常严重,热交换效果极差。

处理方法:关闭制冷系统,打开通风机化冰,并解决通风不畅问题(临时处理时可用翅片梳刮蒸发器)。

(4) 回风阀门、新风阀门关闭开启不良。

处理方法:对阀门进行调整或对阀门执行器进行更换。

(5) 温度控制器整定温度偏高或有故障。

处理方法:应调整或更换温控器或采用手动控制。

(6) 制冷剂充注量过多,蒸发温度高,吸气压力高,吸气管及泵壳结露很多,严重者有轻度湿冲程。

处理方法:应放出一部分制冷剂。

(7) 系统中混入不凝气体(空气)或水分造成局部冰堵,排气压力高,泵壳温度高,压缩机运行电流高。

处理方法:应停机放空气及更换干燥剂。

(8) 冷凝器表面脏堵而风量小,散热效果很差,排气压力和排气温度高,输液管温度也高,单位制冷量下降。

处理方法:应用刷子、翅片梳清理冷凝器或高压空气、高压水冲干净。

(9) 压缩机部分故障:如活塞与气缸严重磨损,排气量下降,制冷能力下降;或气阀泄漏严重,吸气压力上升,排气压力下降,压缩比提不高等故障。

处理方法:更换压缩机。

4.压缩机震动且噪声大

(1) 外温低时,热负荷很小,制冷剂液与油进入气缸,活塞进行液体压缩,液体对气阀阀片的冲击产生震动,使压缩机抖动。

处理方法:若经常发生,则更换气液分离器。

(2) 制冷剂充注过多,经常引起回液,液体对阀片的冲击,使压缩机抖动。

处理方法:应放掉一部分制冷剂。

(3) 管路安排不当,因压缩机震动而引起共振。

处理方法:应加减震措施,固定部分管路。

(4) 电机过载引起较大的电磁噪声。

处理方法:应减轻电机负荷。

(5) 轴承磨损严重,造成电机扫膛,发出较大的异响。

处理方法:更换压缩机。

5.高压压力开关动作

(1) 空气或非冷凝气体混合。

处理方法:回收制冷剂之后,再充注规定的量。

(2) 制冷剂充注过量。

处理方法:回收制冷剂之后,再充注规定的量。

(3) 冷凝器脏堵。

处理方法:检查冷凝器脏堵情况,并进行清洗。

(4) 制冷剂管道不畅。

处理方法:检查并疏通制冷剂管道。

(5) 高压压力开关故障。

处理方法:更换开关。

(6) 冷凝风机不转。

处理方法:查找不转原因并处理。

6.低压压力开关动作

(1) 新风过滤网堵塞。

处理方法:清洗新风过滤网。

(2) 蒸发器冻结。

处理方法:停机查蒸发器冻结的原因并处理。

(3) 制冷剂泄漏。

处理方法:查找制冷剂泄漏点并处理。

(4) 风机叶片积垢。

处理方法:清洁风机叶片积垢。

(5) 蒸发器散热片脏堵。

处理方法:清洗蒸发器。

(6) 新风阀、回风阀未打开或开启不良。

处理方法:检查阀门执行器动作情况,如执行器发生故障则更换执行器,如线路发生故障则查找线路故障点并处理。

(7) 制冷循环管道内干燥过滤器堵塞或空气滤清器等堵塞。

处理方法:更换干燥过滤器或回气滤清器。

(8) 客室内外环境温度过低。

处理方法:车厢内温度回升后再重启。

(9) 低压压力继电器本身故障或接线故障。

处理方法:更换低压压力继电器或查找继电器接线回路并处理。

二、操作步骤

(一) 压缩机不启动故障

(1) 用工具、设备检查压缩机不启动的原因。

(2) 按照检修流程对故障进行排除。

(二) 压缩机运行中突然发生停机故障

(1) 用工具、设备检查压缩机运行中突然发生停机的原因。

(2) 按照检修流程对故障进行排除。

(三) 制冷效果差故障

(1) 用工具、设备检查制冷效果差的原因。

(2) 按照检修流程对故障进行排除。

(四) 压缩机震动且噪声大故障

(1) 用工具、设备检查压缩机震动且噪声大的原因。

(2) 按照检修流程对故障进行排除。

(五) 高压压力开关动作故障

(1) 用工具、设备检查高压压力开关动作的原因。

(2) 按照检修流程对故障进行排除。

(六) 低压压力开关动作故障

(1) 用工具、设备检查低压压力开关动作的原因。

(2) 按照检修流程对故障进行排除。

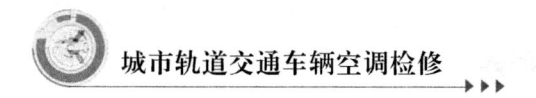

任务评价

表 2-3-1 评价表

评价内容		评价标准	分值	学生自评	教师评价
理论评价	制冷系统常见故障检修基础知识	(1)是否能正确描述故障现象 (2)是否能分析故障原因	25分		
技能评价	压力开关的检修	(1)是否能判断压力开关产生的故障 (2)是否能熟练更换压力开关	30分		
	管道检漏与抽真空技能	(1)是否能对制冷管道进行检漏 (2)是否能够熟练掌握抽真空技能	30分		
情感评价	学习态度	(1) 技能是否能积极思考,回答问题,与教师进行互动 (2)是否有充分的课前准备,教材及学习用品是否齐备	5分		
	操作规范	操作是否规范	5分		
	团队协作（在任务中请教他人或帮助他人）	是否具有团队协作精神	5分		
总分			100分		
学习体会:					

课后练习

(1) 管道检漏的方法有哪些？并说明对应的操作步骤。

(2) 试分析压缩机停机的原因及处理方法。

(3) 试以制冷效果差为例,检修空调制冷系统,写出维修报告。

项目三 城市轨道交通车辆空调通风与供暖系统检修

项目描述

前面我们学习了城市轨道交通车辆制冷系统检修,了解了制冷系统组成部分、制冷系统检修方法。现在我们将认识城市轨道交通车辆通风与供暖系统,它是城市轨道交通车辆空调系统的重要组成部分。通风系统的作用是将经过处理的空气输送和分配到客室车厢内并形成合理的气流组织,同时将室内污浊的空气排到室外,使室内空气参数满足要求。通风系统是城市轨道交通车辆空调装置中唯一不分季节而长期运转的系统,因此,它的质量状态直接影响到乘客的舒适性和空调装置的经济性。供暖系统是对流经车厢内的新鲜空气或混合空气进行加热,以达到供暖的目的。常见的供暖方式有电加热式和热泵式。下面我们就对以上知识点进行学习。

学习目标

目标类型	目标要求
知识目标	(1)了解通风系统与供暖系统的概念
	(2)掌握电加热器与热泵的工作原理及特点
	(3)了解城市车辆空调供暖系统的基本类型
技能目标	(1)能看懂空调通风与供暖系统结构装配图
	(2)能掌握空调通风与供暖系统检修要求和方法
	(3)能熟练运用检测手段判断空调通风与供暖系统故障类型
情感目标	(1)能进行团队协作
	(2)积极参与学习过程,遵守秩序,服从安排

学习准备

(1)教学场地:在互联网多媒体教室及车辆电气实训室中进行,课后可实地参观。

(2)设备要求:至少具有能连接互联网的多媒体教室一个,要有能播放视频、投影的设备。

(3)准备笔记本、签字笔等学习用具。

(4)利用网络查询城市轨道交通车辆空调维护与检修相关信息。

(5)进入实训场地应着工作服、运动鞋。

任务一 空调通风与供暖系统的认知

任务目标

通过本任务的学习,要知道通风系统与供暖系统的重要性,能理解城市轨道交通车辆空调通风与供暖系统的概念以及其结构、功能。

任务分析

本任务主要培养对车辆空调通风与供暖系统的认知能力。以车辆空调装置为载体,以通风与供暖系统各部件为主线,逐步认识空调通风与供暖系统。实施任务时要特别注意安全要求和规范,一般以学习小组为单位实施。

任务实施

一、任务准备

现场对城市轨道交通车辆空调通风与供暖系统进行认识时,必须加强对人身及设备的安全知识的学习,要遵守安全操作规程,不得随意触碰带电部分,不得触碰风机叶片等存在安全隐患的地方。

(一)认识城市轨道交通车辆空调通风系统

1.通风的基本概念

通风除尘和空气调节在实际工程中起着改善工作环境、保护人们的身体健康和提高生产力的重要作用。用通风方法改善生产劳动环境,简单地说,就是把污浊的或不符合卫生标准的内部空气排至外部,把新鲜空气或经过处理的空气送入内部,不断地更换内部空气。所以,通风也叫作"换气"。

2.城市轨道交通车辆污染物的主要来源

(1)人新陈代谢中产生的二氧化碳、皮肤表面的代谢产物。

(2)建筑材料中挥发出的有害物,如苯类、醛类等有机物质。

(3)周围土壤中存在的氡等放射性物质。

(4)隧道中存在的灰尘、二氧化硫等。

3.城市轨道交通车辆通风的任务

(1)向车辆内补充新鲜空气,满足人体对氧气的需求。

(2)通风可使车辆内空气稀释流通,减小有害气体的浓度。

(3)控制各种有害物,如过滤粉尘等。

(4)调节湿度。

4.通风系统的分类

通风,包括从车辆内部排出污浊空气和向车辆内部补充新鲜空气。前者称为排风,后者称为送风。为实现排风和送风,所采用的一系列设备、装置总体称为通风系统。通风系统按通风工作原理不同可分为自然通风和机械通风两类;按照系统作用的范围大小可以分为全面通风和局部通风两类。

(1)自然通风系统。

自然通风时依靠室内外空气的温度差(实际是密度差)造成的热压,或者是室外风造成的风压,房间内外的空气进行交换,从而改善室内的空气环境。自然通风不需要另外设置动力设备,对于有大量余热的车辆空间是一种经济、有效的通风方法。

自然通风的优点是经济、不耗能源;缺点是效果不稳定,受气候、建筑物、门、窗的影响较大。这包括以下几个方面:开口位置对室内空气流动的影响;开口高低对室内空气流动的影响;水平遮阳对室内空气流动的影响;不同窗户形式对室内空气流动的影响;室内气流的调节;有效利用自然通风的建筑设施;自然通风排风天窗的形式。

通风系统中常见的专业术语有风压和热压。

风压是指由空气流动所造成的压力,也称风力。对于一栋建筑或者一间房间,如果它有两个开口(门或窗等),而且空气在每个开口的两侧压力不相同,那么在压差的作用下,空气在每个开口处形成流动。这种自然通风的效果取决于风力的大小和建筑物门窗的形式。

热压是指因室内热源加热或其他因素造成室内空气温度升高时,室内空气密度减小,空气就会从建筑物的上部跑出去,同时较重的室外空气会从下部门窗补充进来,形成空气流通和交换。热压大小除了与室内外温差大小有关外,还与建筑物高度有关。高度越高、温差越大,热压就越大,通风效果也越好。

置换通风是一种以自然通风为原理的较先进的通风换气方式。置换通风是基于空气的密度差而形成热气流上升、冷气流下降的原理实现通风换气,其送风分布通常都是靠近地板,送风口面积较大,因此出风速度较低,送风的动量很低,以至于对室内主导气流无任何实际的影响。

(2) 机械通风系统。

通过风机提供通风的动力,风机的高速运转产生的风压强制室内外空气交换流动,造成房间通风换气的方法,称为机械通风。由于风机的风量和风压可根据需要确定,这种通风方法能保证所需要的通风量,控制房间内的气流方向和速度,并可对进风和排风进行必要的处理,使房间空气达到所需要的参数要求。因此,机械通风方法得到了广泛应用(城市轨道交通车辆上普遍使用)。

(3) 全面通风系统。

①全面通风。全面通风是对整个房间进行通风换气。其基本原理是用清洁空气稀释(冲淡)室内空气中的有害物浓度,同时不断地把污染空气排至室外,保证室内空气环境达到卫生标准。全面通风也称稀释通风。

②全面排风。为了使室内产生的有害物尽可能不扩散到其他地区或邻室去,可以在有害物比较集中产生的区域或房间采用全面机械排风。

③全面送风。当不希望邻室或室外空气渗入室内,而又希望送入的空气是经过简单过滤、加热处理的情况下,多用全面机械送风系统,这时室内处于正压,室内空气通过门窗压至室外。

④全面送、排风。在很多情况下,一个车间同时采用全面排风系统、全面送风系统相结合的全面送、排风系统,这往往用在门窗紧闭、采用自然通风比较困难的场所。

在设计全面通风系统时应遵守一个基本原则:应将干净空气直接送至人所在地或污染物浓度低的地方。常用的送、排风方式有上送上排、下送上排及中间送上下排等多种形式。具体应用应根据下列原则选择:

进风口应位于排风口上风侧,送风口应接近人所在地点,或者污染物浓度低的地带,排风口应设在污染物浓度高的地方。在整个控制空间内,尽量使室内气流均匀,减少涡流的存在,从而避免污染物在局部地区集聚。

(4)局部通风系统。

局部通风分为局部送风和局部排风,其基本原理都是通过控制局部气流,使局部工作范围不受有害物的污染,并且营造符合要求的空气环境。

①局部排风。为了尽量减少工艺设备产生的有害物对室内空气环境的直接影响,用各种局部排气罩,使有害物在产生时就立刻随空气吸入罩内,最后经排风帽排至室外,这是比较有效的一种通风方式。

②局部送风。向局部地点送风,形成对人温度、湿度、清洁度合适的局部空气环境,这种通风方式叫作局部送风。直接向人体送风的方法又叫岗位吹风或空气淋浴。岗位吹风分集中式和分散式。

③局部送、排风。采用既有送风又有排风的局部通风装置,可以在局部地点形成一道"风幕",利用这种"风幕"来防止有害气体进入室内,这是一种比单纯排风更为有效的通风方式。

5.风管

(1)形式。

圆形风道的强度大、阻力小、耗材少,但占用空间大,不易与建筑配合。对于高流速、小管径的除尘和高速空调系统,或是需要暗装时,可选用圆形风道。矩形风道容易布置,便于加工。低流速、大断面的风道多采用矩形。矩形风道适宜的高度比在3.0以下。

(2)材料。

一般来讲,输送腐蚀性气体的风道可用涂刷防腐油漆的钢板或硬塑料板、玻璃钢制作;埋地风道通常用混凝土做底、两边砌砖、用预制钢筋混凝土板做顶;利用建筑空间兼作风道时,多采用混凝土或砖砌风道。

6.风道

为了实现整车送风均匀,常采用静压风道。其工作原理是空调机组下部送出的风进入车内主风道并沿着主风道在推进过程中进入静压箱,进行静压平衡调节,使得在主风道的不同截面上,具有不同静压的空气在静压箱中得到平衡,并形成一定的静压值,空气通过在静压箱的开口形成一定的动压喷射出去,从而达到均匀送风的目的。

回风口沿车长方向布置,保证回风滤网等设备的检修方便,同时可最大限度地保证车内造型美观。送风格栅采用铝型材,送风格栅断面结构有利于送风均匀。

7.废排装置

考虑客室内向客室外的换气功能,应在车体适当位置设置排气口,并在车体侧墙考虑适当的风道,确保客室内向客室外的排气功能的实现,以防客室内正压过高造成新鲜空气输入量减少和关门困难。司机室回风与客室间的换气通过在司机室间壁门上开通风口,可以实现司机室送风单元在不同工作情况下的功能:在司机室送风单元风机调到高速时,由司机室向客室回风;若司机室送风单元全部关闭,可以实现司机室和客室间的压力平衡。

8.城市轨道交通车辆空调通风系统气流组织

城市轨道交通车辆一般采用下出风下回风或下出风侧回风的气流组织方式。

下出风下回风气流组织为气流由空调机组产生,通过车顶送风道经送风格栅向客室竖直向下送风,客室内原有空气从客室车顶中间回风道回流到空调机组,依次循环。

下出风侧回风气流组织为气流由空调机组产生,通过车顶送风道经送风格栅向客室竖直向下送风,客室内原有空气从客室侧墙设置的回风口(通常会设置在客室座椅下方)经回风道回流到空调机组,依次循环。

9.风机

风机在管路中的作用是输送空气。

(1) 风机基本结构包括:叶轮、电机、外壳等。风机的种类包括:离心风机、轴流风机、混流风机等。

(2) 风机的性能参数。

风量:单位时间内风机所输送的气体的体积。

风压:风机产生的总压力(全压),包括静压和动压。

有效功率:风机在单位时间内传输空气的能量。

轴功率:风机的输入功率。

全压功率:风机有效功率与轴功率之比。

机械传输功率:电机与风机机械传动的能量损失。

(3) 风机的分类。

①离心风机。

离心风机用于低压或高压送风系统,特别是低噪声和高风压的系统。叶轮的叶片形式有流线型、后弯叶型、前弯叶型和径向型四种。离心风机实物如图3-1-1所示。

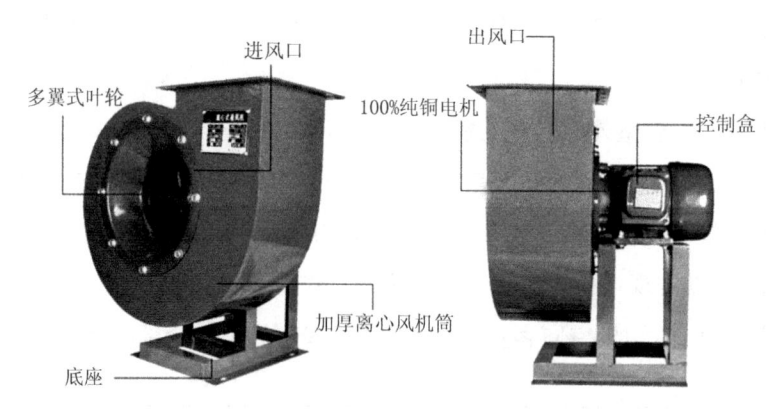

图 3-1-1　离心风机实物图

②轴流风机。

轴流风机主要由叶轮、机壳、电机等组成。叶轮由轮毂和铆在其上的叶片组成，叶片与轮毂平面安装呈一定的角度。叶片的形式有机翼形扭曲叶片或直叶片，厚板形扭曲叶片或直叶片等。

它的体积小、便于维修、风压较小、风量较大，多用于阻力较小的风量系统。轴流风机实物如图 3-1-2 所示。

图 3-1-2　轴流风机实物图

③混流风机。

混流风机集中了离心风机的耐高压和轴流风机的大风量的特点。

④建筑用风机。

消防排烟风机。在正常情况下可用于日常的通风换气。遭遇火险时，它可抽排室内高温烟气，增强室内空气流通。它具有耐高温的特点，使用于高层建筑、烘箱、车库、隧道、地铁、地下商场等场合的通风换气和消防排烟。

斜流风机。该系列风机分为单速和双速两种。它具有结构紧凑、体积小、维修方便等优点。可以根据不同的使用场合，采用改变安装角度、改变叶片数、改变转速、改变机号等方法达到多方面的使用要求。

屋顶侧壁排风机。普通离心式屋顶风机,适用于厂房、仓库、高层建筑、实验室、影剧院、宾馆、医院等场合的局部换气。

空调通风风机。具有性能良好、适用范围大、噪声低、质量轻、安装方便、运行可靠的优点,可以与各空调厂的组合空调机组配套。

(二) 认识城市轨道交通车辆供暖系统

空气供暖系统是对流经空气处理室内的新鲜空气或混合空气进行加热,以满足空调设计要求。考虑到地域差别,一般国内北方城市轨道交通车辆安装加热系统,南方不安装。常用的空气预热器有电加热器和热泵等,电加热器采用较多。

1. 电加热器

电加热器是让电流通过电阻丝发热来加热空气的设备。它具有加热均匀,供热量稳定,结构紧凑,效率高,反应灵敏和便于实现自动控制等特点。

常用的电加热器主要有裸线式和管状式两种。车辆经常采用的是由管状电热元件组成的电热空气预热器。

(1) 裸线式。

裸线式电加热器是由裸露在空气中的电阻丝构成的,流过电阻丝的空气与灼热的电阻丝直接接触而被加热。电加热器的外框采用双层钢板,中间垫以绝缘层,在钢板上装固定电阻丝的瓷绝缘子,根据需要电阻丝可以做成单排或多排组合,在定型产品中,常把电加热器做成抽屉式,检修更为方便。

(2) 管状式。

管状电热元件的结构是在金属管内,沿管子的轴线方向放入一根螺旋形的电阻丝,在其空隙部分均匀填满具有良好导热性和电气绝缘性的结晶氧化镁粉,并用缩管机将管径轧小,以增加氧化镁粉的密度而使导热系数提高,同时还要保证管内螺旋状电阻丝不致因电热元件经受弯曲或碰撞发生偏移而碰及管壁。在电阻丝引出棒出口处浇以硼酸钡的混合物密封,以避免空气中的水分和其他液体介质侵入氧化镁粉中引起绝缘不良。

由于电阻丝是埋在紧密的、导热性较高的氧化物介质中,不与空气接触,其单位负载功率较裸露式电阻丝可大大增加,寿命也相应提高。另外,为了保证安全运行,电热空气预热器必须与风机实现联锁控制,即风机启动后电加热器才工作。

为了提高管状电热元件的换热效果,可在金属管外表面缠上不锈钢绕片。在特别需要防腐的地方(如厕所等),在不锈钢管上缠不锈钢绕片。

电加热器外罩的作用是防止乘客触电、烫伤并保护电热管。电加热器在使用过程中应进行定期检查,使电热管表面保持干燥和清洁。电加热器一般在环境温度−20~40 ℃、空气相对湿度≤90%的条件下使用。每年冬季使用前,应在保证电热管干燥、清洁、绝缘良好和接线紧固的前提下进行试验,必须在符合电气标准要求和电热管性能要求时才可正常使用。如有下列情况时应及时更换:

① 电热管绝缘值下降且低于标准。
② 电热管通电不发热或发热量不符合要求。
③ 电热管表面发红、温度过高,不符合要求。
④ 通电后电热管有闪落等现象发生。

2.热泵种类

凡是可以在外界低温环境下吸取热量,并将其热量"泵"入室内的装置称为热泵。

热泵技术是近年来在全世界备受关注的新能源技术。人们所熟悉的"泵"是一种可以提高位能的机械设备,比如水泵主要是将水从低位抽到高位。而"热泵"是一种能从自然界的空气、水或土壤中获取低品位热能,经过电力做功,提供可被人们所用的高品位热能的装置,通常按照热源的不同可分为水源热泵、地源热泵、空气源热泵三种类型。

(1) 水源热泵。

水源热泵的工作原理是通过输入少量高品位能源(如电能),实现低温位热能向高温位转移。水体分别作为冬季热泵供暖的热源和夏季空调的冷源。即在夏季将建筑

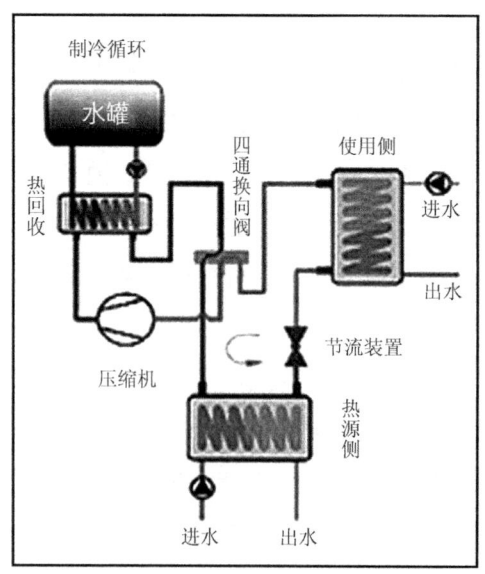

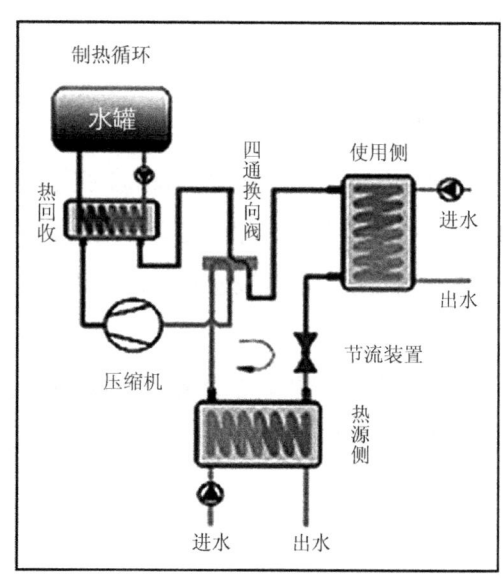

图 3-1-3 水源热泵工作原理图

物中的热量"取"出来,释放到水体中去,由于水源温度低,所以可以高效地带走热量,以达到夏季给建筑物室内制冷的目的;而在冬季,则是通过水源热泵机组,从水源中"提取"热能,送到建筑物中供暖。水源热泵工作原理如图 3-1-3 所示。

(2)地源热泵。

地源热泵是一种利用浅层地热资源(也称地能,包括地下水、土壤或地表水等)的既可供热又可制冷的高效节能空调设备。地源热泵通过输入少量的高品位能源(如电能),实现由低温位热能向高温位转移。地能分别在冬季作为热泵供热的热源和夏季制冷的冷源,即在冬季,把地能中的热量取出来,提高温度后,供给室内供暖;在夏季,把室内的热量取出并释放到地能中去。通常,地源热泵消耗 1 kW·h 的能量,用户可以得到 4 kW·h 以上的热量或冷量。地源热泵工作原理如图 3-1-4 所示。

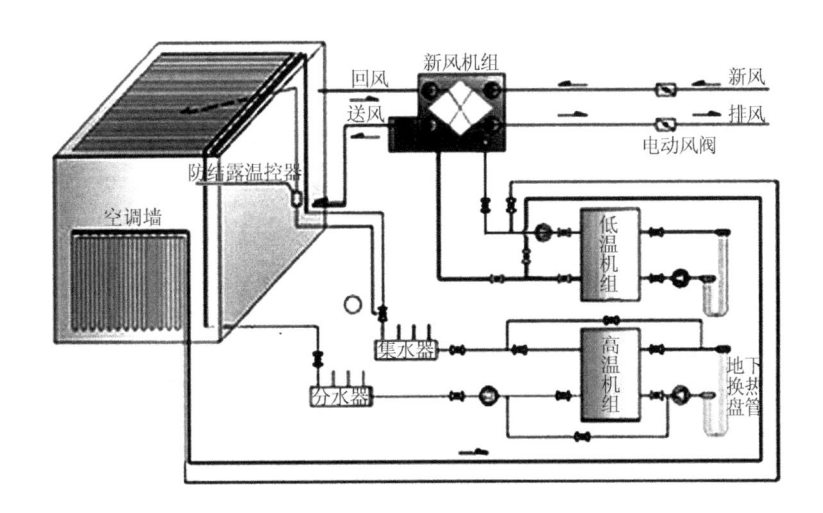

图 3-1-4 地源热泵工作原理图

(3)空气源热泵。

空气源热泵在运行中,蒸发器从空气中的环境热能中吸取热量以蒸发传热工质,工质蒸气经压缩机压缩后压力和温度上升,高温蒸气通过永久黏结在储水箱外表面的特制环形管冷凝器冷凝成液体时,释放出的热量传递给空气源热泵储水箱中的水。冷凝后的传热工质通过膨胀阀返回到蒸发器,再被蒸发,如此循环往复。空气源热泵工作原理如图 3-1-5 所示。

3.热泵工作原理

制冷循环是利用吸取热量而使被冷却对象的温度低于环境温度,达到制冷目的。热泵循环与制冷循环的原理是一致的,其区别仅在于工作的温度环境不同,其目

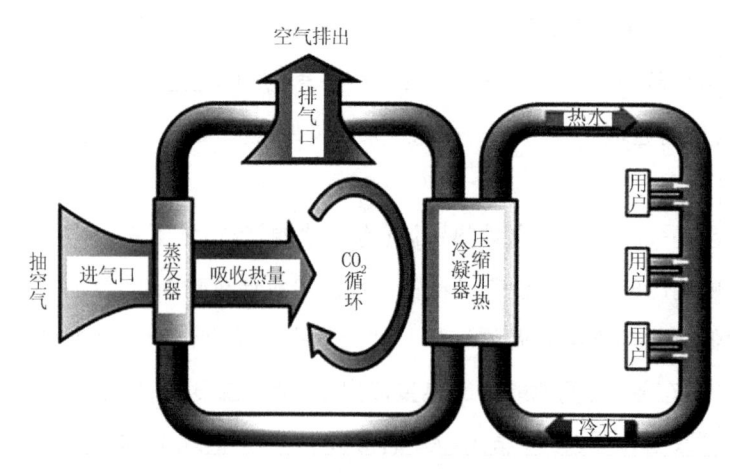

图 3-1-5 空气源热泵工作原理图

的也有所不同。它是利用某种工质的状态变化,从较低温度的热源吸取一定热量,通过一个消耗功或热量的补偿过程,向较高温度的热源放出热量。

在热泵循环过程中,按热力学第二定律,向高温热源的放热量 Q_h 等于从低温热源吸取的热量 Q_o 加上所消耗的功 W 之和,即 $Q_h=Q_o+W$。因为 $Q_h>W$,所以利用制冷剂从低温室外空气中吸热,而在温度较高的室内空气中放热,比直接利用电能加热所能获得的热量大得多,所以热泵能够节省电能。

热泵循环的性能系数称为制热系数(供热系数),用 ε_h 表示。供热系数是评价热泵性能好坏的指标,为供热量与消耗功之比值,该值恒大于 1。城市轨道交通车辆空调热泵以水源热泵为例,其制冷与制热的系统原理如图 3-1-3 所示。

如图 3-1-3(左)所示为夏季制冷工况,置于空气处理室内的蒸发器,吸收空气中的热量,从而冷却了车内的空气。图 3-1-3(右)为冬季制热工况,经过四通换向阀,转换制冷剂流向,室内蒸发器做冷凝器用,而室外冷凝器做蒸发器用。于是通过制冷剂就将室外空气中的热量转移到了室内。

热泵系统中,作为蒸发器的换热器(制冷系统中的冷凝器)有可能表面结霜,以致堵塞气流通路,影响传热,所以在系统中应采用适当的融霜措施。通过合理地控制系统来满足冬季客室和司机室舒适性要求。供暖控制将客室电热、司机室电热及新风阀的开度视为一个系统,综合考虑,为乘客和司机提供一个良好的环境。

客室电加热器安装在座椅底下的安装座。每组电加热器内设两支电热管,两支电热管分两路,可分别或同时工作、停止。电加热器设"全暖""半暖"两个控制位,由司机控制。四通换向阀制冷和制热时的工作原理如图 3-1-6 所示。

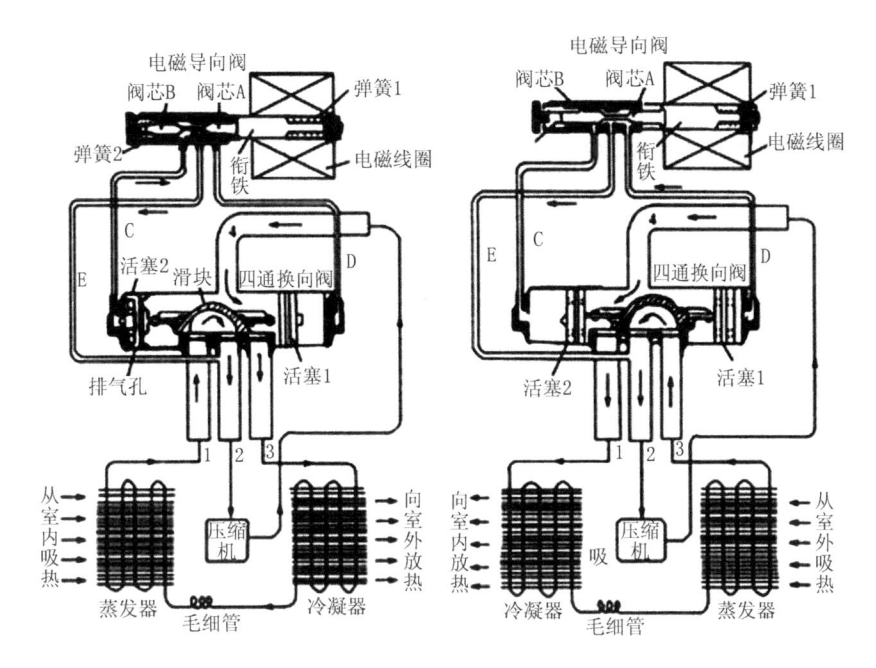

图 3-1-6 四通换向阀制冷和制热时的工作原理

四通换向阀有四根接管1、2、3、4和三根毛细管C、D、E,阀体内装有滑块和活塞。它们用支架互相构成一体,两端活塞上各有小孔,以使活塞两端能互相通气,管1与蒸发器出口连接,管2与压缩机吸气管连接,管3与冷凝器进口连接,管4与压缩机排气管连接,而滑块好像一个三通阀门,可以将管1与2连通起来,也可以将管2与3连通起来,当管1、2连通时,管3、4就通过四通换向阀而连通;管2、3连通时,管1、4就通过四通换向阀而连通。三根毛细管中,管C、D接在四通换向阀两端,管E接在管2中。电磁阀由阀体、阀芯A和B、弹簧1和2、衔铁及电磁线圈组成,阀芯A和B及衔铁连成一体,并一起移动。当线圈通以电而产生磁场时,衔铁被磁场吸引而动作,使阀芯向右移动,阀芯B关闭左阀孔,而右面阀孔被阀芯A打开。当断电而衔铁复位时,阀芯A关闭右阀孔,而左面阀孔被阀芯B打开。

4.城市轨道交通车辆空调加热系统

城市轨道交通车辆加热功能由客室电加热器和司机室电加热器等组成的加热设备实现。电加热器为提高车辆内部的温度及空气质量,采取以下措施来保证冬天客室和司机室的舒适性:在车体中采用优质的防寒保温材料,减小车体的传热系数,降低车内向车外的热传递。

由于司机长时间在司机室工作,同时穿的衣服比乘客少,所以司机室的温度要比客室的温度稍高才能满足司机的舒适性要求。一般在司机室中设置带风机的强迫通风电加热器,以满足司机室舒适性要求。

二、操作步骤

(一)城市轨道交通车辆空调通风系统的认识

(1)指出通风系统的具体位置。

(2)对照实物说出通风系统的主要作用、结构。

(二)城市轨道交通车辆空调供暖系统的认识

(1)指出供暖系统的具体位置。

(2)对照实物说出供暖系统的主要作用、结构。

(三)风机的认识

(1)找出风机的具体位置。

(2)对照实物说出风机的主要作用、结构。

拓展知识

典型城市轨道交通车辆空调通风与供暖系统

由于城市轨道交通车辆实际运行区域气候条件的不同,一般在我国南方城市运行的城市轨道交通车辆基本上未设置供暖系统,如广州、深圳、上海等;而在北方各大城市运行的城市轨道交通车辆上都设置有相应的供暖系统,如北京、天津、西安等。

城市轨道交通车辆基本上都采用车顶送风方式,为了保证车内维持在一定温度和减小送风温度与室内温度差,城市轨道交通车辆的供暖系统有两个作用:对送入车内空气进行预热和对车内空气进行补偿加热。

空气的预热是使空调机组的空气处理室内的空气流过空气预热器来实现的,根据热媒不同,空气预热器可分为温水空气预热器和电热空气预热器两种。

空气的补偿加热由设在车辆内两侧地板面上的加热器来完成。根据热媒不同,地面加热器也分为温水加热器和电加热器两种。目前国内城市轨道交通车内供暖系统,主要有以下几种形式:

(1)单纯使用电加热器装置,如西安地铁车辆空调系统;

(2)单纯使用电热空气预热器,如南京地铁1、2号线地铁车辆空调系统;

(3)电热空气预热器和电加热器联合使用,如北京地铁一些线路的地铁车辆空调系统;

(4)热泵供热,如长春轻轨车辆空调系统和南方温暖地区铁路空调客车运用的空调系统。

任务评价

表3-1-1 评价表

评价内容		评价标准	分值	学生自评	教师评价
理论评价	通风与供暖系统的组成、作用、特点	是否能描述空调通风与供暖系统的组成、作用、特点	10分		
	风机的种类	是否能描述风机的种类	10分		
	热泵的工作原理及其主要部件	是否能描述热泵的工作原理及其主要部件	15分		
技能评价	通风与供暖系统主要部件的认识	是否能指出通风与供暖系统的主要部件	25分		
	说出通风与供暖系统正常的工作状态	是否能判断通风与供暖系统正常的工作状态	25分		
情感评价	学习态度	(1)是否能积极思考,回答问题,与教师进行互动 (2)是否有充分的课前准备,教材及学习用品是否齐备	5分		
	操作规范	操作是否规范	5分		
	团队协作(在任务中请教他人或帮助他人)	是否具有团队协作精神	5分		
总分			100分		
学习体会:					

课后练习

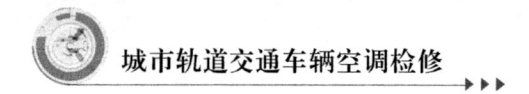

(1) 简述通风的概念和主要方式。

(2) 简述城市轨道交通车辆通风系统的组成和主要装置。

(3) 简述风机的主要类型及其特点。

任务二 空调通风与供暖系统的维护

任务目标

通过对本任务的学习,能够掌握通风与供暖系统相关资料的搜集、整理,对电加热器能进行日常维护、保养、拆卸、安装,对电气系统进行检查与维护。

任务分析

本任务主要培养车辆空调通风与供暖系统的维护能力。维护的基础是熟悉空调装置的正常运行特征和参数,严格按照车辆空调通风与供暖系统维护操作流程实施。特别要注意检查的流程应正确,检查的现象与参数要完整、清晰地记录。

任务实施

一、任务准备

警告!工作中必须注意人身及设备的安全。要遵守安全操作规程,不得随意触动带电部分,要尽可能切断电路电源,在不带电的情况下对空调通风与供暖系统部件进行保养、维护。

(一)电加热器的拆装

1．拆卸程序

(1)拆卸之前必须切断电源,如断开相应车辆上的空气断路器。

(2)松开固定螺钉,将电加热器外罩拆除。

(3)断开电加热器各接线端子的电气连接线。

(4)拆下电加热器固定到车辆上的紧固螺栓。

(5)移除电加热器时,务必小心电加热器滑落。

2．安装程序

安装程序与拆卸程序相反,但确保各种接线正确无误,勿将工具、杂物遗留到电加热器外罩内。

(二)电加热器的维护

1．电加热器维护的注意事项

(1) 电热管发生击穿或闪烁现象时,应该断开电源,进行检查更换。

(2) 乘客不可以随便触摸电热管,以防烫伤或触电。

(3) 不允许将水或其他杂物放入电加热器。

(4) 不得随意磕碰电加热器,以防损坏电加热器外罩。

(5) 在夏季停用电加热器时,应该断开电加热器的控制电源。

2．电加热器的维护

电加热器在使用过程中必须进行定期检查,保持电热管表面干燥、清洁。每年在冬季使用电加热器前应对电加热器进行专项检查,具体内容如下。

(1) 电加热器外罩是否变形,紧固螺钉是否缺失。

(2) 打开电加热器外罩,用软毛刷轻轻刷掉电热管表面的灰尘及杂物。

(3) 用真空吸尘器吸掉刷下来的灰尘及杂物。

(4) 检查电加热器相关线路的空气开关、接触器、端子排的接线是否松动、脱落、断线、烧损、烧熔等。

(5) 将电加热器通电运转 1 h 以上,观察各电加热器的空气开关、接触器、端子排的接线是否出现烧损、烧熔现象,并且用红外线点温枪对电加热器的各空气开关、接触器、端子排处的接线进行测温并记录数值,比较各温度值是否正常,判断需要检修的线路可以按照以下标准执行:接线处温度高于环境温度 35 ℃时,或实测温度高于 80 ℃时;同一接线排各通电接头温度差高于 20 ℃时;同一电气设备三相接线处温度差高于 15 ℃时。

(三) 轴流风机的安装

(1) 检验钢结构上的减震器安装台座是否在同一水平上,确认正确后方可安装。

(2) 轴流风机安装前详细检查外观是否完好,是否存在扭曲、变形及损坏现象,转动是否灵活,各连接部位是否存在松动现象。

(3) 检查铭牌与产品是否相符合,接线是否正确,接线端子是否拧紧牢靠,待一切检查完毕确认无误后方可进行安装。

(4) 支架两侧焊有安装把手,将轴流风机托至车厢顶棚安装位置。

(5) 吊座焊接在支架上,将吊座与钢结构减震器用螺栓、平垫、弹簧垫、螺母依次连接。

(6) 安装完毕后进行试验。

①接通电源后,检验叶轮转动方向是否与铭牌指示方向一致。若反向,切断电源,调整接线顺序,转动方向与铭牌指示方向必须同向。

②运转是否灵活,摆头机构是否能做往复运动,有无震动现象。

③叶轮与集风器是否有刮碰现象,机械运转声音是否正常,有无异常噪声。

④如有上述问题发生,应让生产厂家专业技术人员排除故障,切勿私自拆卸,造成不必要的损失,防止出现安全隐患。

(四) 轴流风机的检查维护

轴流风机应由具有一定专业技术水平的工程技术人员定期检查、维护保养。应按下面标准进行维护、检查、保养。

(1) 轴流风机工作 8 800 h 和 15 400 h 后,应进行维护。

(2) 清扫叶轮、集风器。风机长时间运转,在叶轮、集风器表面会积污垢,如不及时清扫,会对叶轮的动平衡产生影响,风机运转时会产生震动、异常声响。当积少量灰尘时,可用软毛刷清扫,可在钢结构上进行,不必拆卸。若灰尘较多时,应把产品拆卸下来,卸下叶轮、集风器,以免产生扭曲变形,产生震动、异常声响,影响设备运行。

(3) 检查轴承运转是否灵活,有无异响,及时更换轴承,清洗时勿将油类滴到橡胶件上,以免橡胶件老化。

(4) 更换摆头电机。

①将输出轴与连杆机构安装到位。

②连杆机构与集风器端子按接口安装到位。

③试验摆头机构是否正常工作,摆角是否到位。

二、操作步骤

(一) 电加热器的拆卸

(1) 找出电加热器的具体位置。

(2) 准备好拆卸专用工具和设备。

(3) 按照操作流程对电加热器进行拆卸。

(二) 电加热器的安装

(1) 找出电加热器的具体位置。

(2) 准备好安装专用工具和设备。

(3) 按照操作流程对电加热器进行安装。

(三) 电加热器的维护

(1) 找出电加热器的具体位置。

(2) 准备好维护专用工具和设备。

(3) 按照操作流程对电加热器进行维护、保养。

(四) 轴流风机的安装

(1) 找出轴流风机的具体位置。

(2) 准备好安装专用工具和设备。

(3) 按照操作流程对轴流风机进行安装。

(五) 轴流风机的检查维护

(1) 找出轴流风机的具体位置。

(2) 准备好维护专用工具和设备。

(3) 按照操作流程对轴流风机进行维护、保养。

拓展知识

一、幅流风机工作原理与用途

(一) 工作原理

叶轮在电机的驱动下高速旋转,介质在叶片的作用下获得能量,将电能转化为动能,达到通风换气的目的。

(二) 用途

该产品是一种安装在地铁列车、轻轨列车天棚上的钢结构的通风换气装置。其目的是促进车厢内空气对流,为乘客提供舒适的环境。

(三) 结构

幅流风机由叶轮、电机、集风器、摆头机构、轴承座、支架等组成。

1. 叶轮

叶轮由耐腐蚀且具有良好的刚度和强度的铝合金材料经落料、压型等工艺制成。叶轮的一端传动轴与幅板铆接，与轴承配合，然后与轴承座连接，另一端固定套外部的聚氯丁橡胶套与幅板连接，然后与电机主轴配合。叶片型线经三元流理论设计，供暖用特殊结构，能获得均匀流场。

2. 电机

电机是驱动幅流风机的动力源，与支架连接。它由主电机、摆头电机及连杆机构组成，摆头电机固定在连杆机构上。该机构与主电机轴套相连，摆头电机通过齿轮逐级变速，带动摆头机构每分钟动 5 次。主电机供暖用全封闭的轴承，能承受较大的力和扭矩，使用寿命高，故障率低。当负载扭矩增高大于规定扭矩时，输出轴出现滑动现象，可有效地保护内部减速机构。

3. 集风器

型线与叶轮相匹配，材质与叶轮相同，电机侧与连杆机构相连。

4. 摆头机构

连杆机构与集风器连接，在摆头电机的驱动下使摆头电机的圆周运动转化成往复机械运动，使风力范围覆盖广泛。

5. 轴承座

支撑叶轮旋转，与支架相连。

6. 支架

由优质碳素结构钢经落料、折弯、焊接等工艺制造而成，在其两侧配备把手，便于安装。

二、HQ10B、HQ10C 型司机室增压单元概述

HQ10B 和 HQ10C 型增压单元是用于地铁车辆司机室的增压换气设备。增压单元的结构形式为单元式，安装在司机室顶部。其吸入的经过处理的空气经机组增压单元的送风口送入司机室内。HQ10B 和 HQ10C 型增压单元是地铁车辆专用通风增压设备，耐震动、抗冲击，能适应地面及地下隧道等不同的运行环境。

(一) 主要技术参数

1. 型号与形式

型号：HQ10B、HQ10C。形式：置顶单元式。

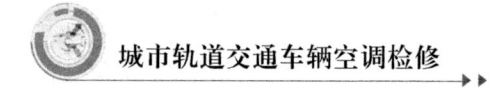

2.一般条件

环境温度:-25~45 ℃。相对湿度:月平均最大相对湿度不大于95%。海拔高度:≤1 200 m。

3.主要部件技术参数

离心风机:1台。电压:单相220 V,50 Hz。额定电流:0.53 A。功率:0.12 kW。

三、空气加湿系统

空气加湿系统仅在某些对车内相对湿度要求较高的客车内安装。在冬季,由于车外空气温度很低,含湿量很小,当空气被加热而温度提高之后,其相对湿度就更低了,而某些客车由于定员少,所以旅客的散湿量也小,这样,有可能使车内空气的相对湿度较低,不满足舒适性的要求。为此,必须对空气进行加湿处理。

对空气加湿可以采用直接喷水蒸气加湿、直接喷水雾加水表面自然蒸发加湿和电热加湿等方法。这些加湿方法可归纳成两类:一类是将水蒸气混入空气进行加湿,即等温加湿;另一类是由于水吸收空气中的热而汽化进入空气的加湿,即等焓加湿。

(一)蒸汽加湿器

常用的蒸汽加湿器有电极式加湿器、干蒸汽加湿器、红外加湿器等。在小型空调设备中,电极式加湿器应用得最为广泛。电极式加湿器在金属或耐裂陶瓷做成的圆筒中盛有一定高度的水,将3根不锈钢棒或镀铬铜棒插入其中作为电极,与三相电源连接。电极棒接通电后,就有电流从水中通过。水相当于电阻,水被加热而产生蒸汽。蒸汽由排出管引至欲加湿的空气中去,直接与空气混合。显然,水位越高,导电面积越大,电阻越小,电流越强,发热量越大。因此,水位的高低决定了产生蒸汽量的多少,水位高度可由溢水管的高低来调节。电极也可以采用两根电极棒,或利用两个同心的不同直径的金属作为电极。

电极式加湿器在圆筒内无水时电流切断,因此,相对于电容式更加安全,加湿器也容易控制。其缺点是容易积水垢,电极易腐蚀。

(二)喷水加湿器

喷水加湿器常用于某些余热量较大、余湿量较小,又要求保持较高温度的室内加湿,这类加湿器是直接将常温水雾化,利用水雾吸收室内空气热量蒸发成水蒸气来加湿空气。常用的喷水加湿器有高压喷水雾加湿器、离心式加湿器、超声波加湿器等。

1.高压喷水雾加湿器

高压喷水雾加湿器是将经过高压泵加压的高压水由喷嘴小孔向空气中喷出,形成粒径细小的水雾,并与周围空气进行热湿交换而汽化蒸发实现加湿的。

为防止杂质堵塞喷嘴小孔,要求水质清洁、无异味,最好用软化水。高压喷水加湿器的优点是体积小,质量轻,加湿量大,耗电量小等,但当被处理空气温度较低时,喷出的水雾蒸发困难,加湿效果将受影响。

2.离心式加湿器

离心式加湿器是依靠离心力作用将水雾化成超微粒子,水滴在空气中蒸发进行加湿的。这种加湿器有一个圆筒状外壳,封闭电机驱动一个圆盘和水泵管高速旋转。水泵管从储水器中吸水并送到旋转的圆盘上面形成水膜,水由于离心作用被甩向破碎梳,形成超微粒子。干燥空气从圆盘下部进入,吸收雾化了的水滴而被加湿。

离心式加湿器具有结构简单,安装、维修方便,体积小,使用寿命长等优点,可用于较大型空调系统。但由于水滴颗粒较大,不能完全汽化蒸发,因此需设置排水设备。

3.超声波加湿器

超声波加湿器的主要部件是超声波发生器,是由装置在水箱底部的振子将发振回路产生的超声波发射到水中。由于超声波发生器以每秒 170 万次的高频电振动超声波将水雾化进行加湿,具有能耗少、发湿量大、喷雾粒子较细、加湿快等特点。超声波喷雾加湿不仅增湿效果好,同时还会产生大量的负氧离子。

任务评价

表 3-2-1 评价表

评价内容		评价标准	分值	学生自评	教师评价
理论评价	通风与供暖系统相关资料的搜集、整理	是否会搜集与整理通风与供暖系统资料	10分		
	电加热器的维护内容	是否能描述电加热器的维护内容	10分		
	编制检修汇报报告书	是否会编制检修汇报报告书	10分		
技能评价	电加热器的拆卸及维护程序	(1)是否能拆卸电加热器 (2)是否能维护电加热器	20分		
	电气系统的检查及维护	(1)是否能检查电气系统的故障 (2)是否能维护电气系统	15分		
	电加热器的安装	是否能正确安装电加热器	20分		
情感评价	学习态度	(1)是否能积极思考,回答问题,与教师进行互动 (2)是否有充分的课前准备,教材及学习用品是否齐备	5分		
	操作规范	操作是否规范	5分		
	团队协作(在任务中请教他人或帮助他人)	是否具有团队协作精神	5分		
总分			100分		
学习体会:					

课后练习

(1) 简述幅流风机维护和保养的作业范围。

(2) 简述电加热器的维护方法。

(3) 简述电加热器的拆装过程。

任务三 空调通风与供暖系统的检修

任务目标

通过对城市轨道交通车辆空调通风与供暖系统故障检查及维修方法的学习,掌握通风与供暖系统故障的检查方法及维修操作步骤,并能对其故障进行处理。

任务分析

本任务以城市轨道交通车辆空调通风与供暖系统在运行过程中的实际故障案例为主线,在学习理论知识的同时,综合运用所学技能,对空调装置通风与供暖系统故障进行维修。实施任务时要特别注意安全要求和规范,一般以学习小组为单位实施。

任务实施

一、任务准备

通风与供暖系统是靠电机的带动来进行空气输送的机构,它可以对输送的空气进行增压,以便将空气输送到需要的区域,因而在空调系统中是一个十分重要的系统。例如通风量降低时,就会直接影响到空气处理的效果,使车间内的空气状态达不到设计要求。因此,对通风机应加强日常保养和定期检查维修。在检修作业中必须注意人身及设备的安全。要遵守安全操作规程,不得随意触动带电部分。

(一) 通风系统的检查

检查故障的方法可以从看、听、摸、测四个方面入手。

1.查看风机部分

(1) 查看风机的转动方向。

(2) 查看风机的风扇叶是否打滑。

(3) 查看风机转速是否有下降。

(4) 查看风机电机是否转动。

2.听风机运行声

(1) 听风机运行是否有碰撞声。

(2) 听风机电机噪声。

3.触摸风机有关部位

(1) 触摸风机电机温升情况。

(2) 触摸风机的抖动情况。

(3) 手感风量大小。

4.测试风机

(1) 接通电源。

(2) 试运行 10 min,测试风机运行是否正常。

(3) 关闭电源。

(二) 通风与供暖系统故障判断与处理

1.震动及噪声

通风机在工作时,若出现震动或超过正常工作的声音,说明有故障发生,应从以下几方面进行及时检查。

(1) 叶轮旋转时碰撞外壳,此时会发出异常的声音和激烈的震动。原因是安装、使用过程中风机外壳或叶轮部件发生变形、制动螺钉松动导致叶轮移位或安装时叶轮与外壳间的位置未调好。

处理方法:及时对叶轮和螺钉进行调整、检修。

(2) 风机支撑轴承严重磨损,导致转轴跳动,产生震动和噪声。

处理方法:可断电后径向摇动转轴,若有明显跳动则说明是轴承磨损,应及时更换轴承。

(3) 皮带损坏发出"噼啪"声。

处理方法:立即更换皮带。

(4) 通风机地脚螺栓未拧紧导致通风机运转时产生震动。

处理方法：应及时检查并拧紧。

(5) 通风机的进出风管安装不正确而产生震动。

处理方法：连接风管采用人造革制作的软风管以减低震动。

2.风量不足

风量不足是指通风机的风量比正常情况下有显著减少。一般可用风对手吹时的感觉来判断，也可用风速仪测量风口的平均风速来计算其风量。风量不足时可以从以下几个方面来检查处理。

(1) 传动皮带因长期使用而松弛，使皮带轮打滑，风机叶轮转速显著下降。

处理方法：可调整电机位置，拉紧皮带或更换新皮带。

(2) 风机叶轮与驱动轴间紧固的制动螺钉松动，使轴空转。

处理方法：查清原因后拧紧制动螺钉。

(3) 叶轮反向旋转导致风量不足。

处理方法：查明原因后改变电机转向。

(4) 空调器进风口处的滤尘器，因长期工作积满灰尘致风量不足。

处理方法：应定期清洗。

(5) 冷凝器灰尘堵塞致风量不足。

处理方法：查明原因后用压缩空气吹洗。

(6) 通风管路法兰漏风致风量不足。

处理方法：查明原因后堵漏或更换法兰。

(7) 蒸发器上结霜过厚引起风阻增加，使风量下降。

处理方法：应定期除霜。

3.电机电流过大或升温过高

电机电流过大或升温过高，应从以下几方面进行检查处理。

(1)车辆运行时进气管内闸门未关严。

处理方法：对未关严闸门重新关严。

(2)流量超过规定值，或风管漏气。

处理方法：查找漏气处并进行处理。

(3)电机输入电压过低或电源单相断电。

处理方法：查找电压过低或断电原因并处理。

(4)皮圈过紧或间歇不均。

处理方法:重新调整皮圈松紧度。

(5)受轴承箱震动激烈的影响。

处理方法:检查轴承箱并对震动的原因进行处理。

4.通风机的电机不转

通风机的电机不转,应从以下几方面查找原因并处理。

(1)电机轴承严重磨损,使转子与定子单边摩擦。当发生这种故障时,电机发出"嗡、嗡"噪声,电流猛升,关电源后用手转动电机转轴稍重,并有摩擦声。

处理方法:此时应拆开电机检查确认后调换轴承。

(2)电机线圈烧毁。

处理方法:用兆欧表检测电气绝缘是否被击穿而碰壳体,并检测每相电阻值是否很接近(相等),若有一相电阻特别小,则是这相绕组烧毁或匝间短路,应重绕线圈。

(3)电机轴承抱轴。

处理方法:此故障一般因缺润滑油而使轴承抱轴,可拆开电机检查,确认后换轴承。

(4)电机控制线路有故障。

处理方法:排除线路故障。

(5)电机的运转电容被击穿。

处理方法:检查时可将电容的两根接线拆下,直接接通电源几秒钟,断电后立即将两接线端碰一下,若有放电火花并有爆炸声,则表明电容器没有被击穿;否则便是被击穿了,需更换新的电容器。

5.轴承升温过高

通风机轴承温度异常升高的原因有三类:润滑不良、安装不当、轴承损坏。

(1)润滑不良。

首先检查加油是否恰当,应当按照定期工作的要求给轴承加油,轴承加油后有时也会出现温度高的情况,主要是加油过多。这时现象为温度持续不断上升,到达某点后(一般比正常运行温度高 10~15 ℃)就会维持不变,然后逐渐下降。其次检查润滑油质量是否不良、变质,填充过多粉尘黏砂、污垢等杂质。

处理方法:更换适量的优质润滑油。

(2)安装不当。

轴承安装时轴承箱盖座连接螺栓的紧力过大或过小,或轴承安装歪斜、前后两轴承不同心等会造成轴承摩擦加强,温度升高。

处理方法:重新按要求安装好轴承。

(3)轴承损坏。

由于轴承疲劳磨损出现脱皮、麻坑、间隙增大引起的温度升高,一般可以通过听轴承声音和检测震动等方法来判断。

处理方法:更换轴承。

6.客室不出热空气或热风温度过高过低

(1)电加热管故障导致不出热空气。

处理方法:检查线路,如无问题则更换电加热器。

(2)温控回路断路,电热管不能启动。

处理方法:常温下检查温控器及连线回路,消除温控器触点不闭合、连线开路等故障。如无问题则更换温控器。

(3)热风温度过高。

处理方法:检查55 ℃时的温控器,如连线无问题则更换温控器。

(4)热风温度过低。

处理方法:检查电加热器是否缺相或更换失效电热管元件。

二、操作步骤

(一) 通风机震动与噪声故障

(1)用工具、设备检查通风机震动和产生噪声的原因。

(2)按照检修流程对故障进行排除。

(二) 风量不足故障

(1)用工具、设备检查风量不足的原因。

(2)按照检修流程对故障进行排除。

(三) 电机电流过大或升温过高故障

(1)用工具、设备检查电机电流过大或升温过高的原因。

(2)按照检修流程对故障进行排除。

(四) 通风机的电机不转故障

(1)用工具、设备检查通风机电机不转的原因。

(2)按照检修流程对故障进行排除。

(五) 轴承升温过高故障

(1)用工具、设备检查轴承升温过高的原因。

(2)按照检修流程对故障进行排除。

(六)客室暖气故障

(1)用工具、设备检查客室暖气没有或温度过高过低的原因。

(2)按照检修流程对故障进行排除。

任务评价

表 3-3-1 评价表

评价内容		评价标准	分值	学生自评	教师评价
理论评价	故障现象的认知	是否知道故障现象	15分		
	故障原因的分析	是否能分析故障原因	15分		
	故障的查找顺序	是否掌握故障查找顺序	15分		
技能评价	风量不足故障排查与检修	(1)是否能排查风量不足故障 (2)是否能检修风量不足故障	20分		
	通风机电机不转故障排查与检修	(1)是否能排查电机不转故障 (2)是否能检修电机不转故障	20分		
情感评价	学习态度	(1)是否能积极思考,回答问题,与教师进行互动 (2)是否有充分的课前准备,教材及学习用品是否齐备	5分		
	操作规范	操作是否规范	5分		
	团队协作(在任务中请教他人或帮助他人)	是否具有团队协作精神	5分		
总分			100分		
学习体会:					

课后练习

(1)通风机常见的故障有哪些?

(2)司机室通风单元故障的检修方法。

(3)客室取暖器故障的检修方法。

项目四　城市轨道交通车辆空调控制系统检修

项目描述

空调系统在正常运行过程中,各种参数均在不断地发生变化,为了使空调系统协调地工作,达到科学合理调节车内空气温度、湿度的目的,必须有一套专用空调控制系统来协调控制。在自动模式下,每节车的控制板根据环境气候条件来决定机组的工作方式,并自动调节机组的制冷量,按温度曲线计算结果保证客室内温度水平,使空调系统运行在最合理的状态,满足客室的舒适性需求。空调控制系统是城市轨道交通车辆空调系统的核心部分,控制着空调系统在各种工况下有条不紊地运作,是整个空调系统正常运行的重要保障。本项目介绍空调自动控制系统基本组成、工作原理,重点介绍城市轨道交通车辆空调控制系统的组成、作用、接口,以及日常的保养、维修工作。

学习目标

目标类型	目标要求
知识目标	(1)知道空调控制系统的作用和基本组成
	(2)知道城市轨道交通车辆空调控制系统的组成和作用
	(3)知道城市轨道交通车辆空调控制系统与列车控制及监控系统的接口
	(4)知道PLC控制的空调控制系统
	(5)知道空调控制器控制的空调控制系统
技能目标	(1)能操作空调控制各运作模式的转换
	(2)能操作城市轨道交通车辆空调的集控和本车的控制
	(3)能进行空调控制装置的保养和显示故障的诊断
	(4)会写出故障检查小结
情感目标	(1)激发对城市轨道交通车辆空调控制系统的检修兴趣
	(2)乐于对车辆空调控制系统的结构原理进行分析
	(3)能进行团队协作;积极参与学习过程,遵守秩序,服从安排

学习准备

(1)教学场地:在互联网多媒体教室及车辆电气实训室中进行,课后可实地参观。

(2)设备要求:至少具有能连接互联网的多媒体教室一个,要有能播放视频、投影的设备。

(3)准备笔记本、签字笔等学习用具。

(4)利用网络查询城市轨道交通车辆空调维护与检修相关信息。

(5)进入实训场地应着工作服、运动鞋。

任务一 空调自动控制系统的认知

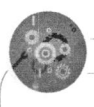

任务目标

通过学习本任务,知道空调自动控制系统的基本组成;认识制冷控制元件;知道空调运行控制原则;掌握空调自动控制系统的常见保护功能。

任务分析

本任务主要是完成对车辆空调自动控制系统的整体认知。对车辆空调装置自动控制系统构成要有充分的认识,理解各部分之间相互的联系以及各部件的工作特性。实施任务时要特别注意安全要求和规范,一般以学习小组为单位实施。

任务实施

一、任务准备

警告!工作中必须注意人身及设备的安全。要遵守安全操作规程,不得随意触动带电部分,要尽可能切断主电路电源,只在控制电路不带电的情况下进行检查。以免故障扩大,并应预先充分估计到局部线路动作后可能发生的其他问题。

(一)自动控制系统的分类

自动控制是指在无人直接参与的情况下,利用控制装置操纵受控的对象,使受控对象的被控量等于给定值或按照预定规律进行变化。自动控制系统的分类方法较多,常见的有以下几种。

1.按给定值变化的规律分类

(1)定值控制系统。

被控参数的给定值在控制过程中恒定不变的系统称为定值控制系统,它在制冷空调中应用最为普遍。例如,空调系统中的恒温、恒湿控制属于定值调节。

(2)程序控制系统。

被控参数的给定值按照某一种事先确定好的规律变化的系统称为程序控制系统,即给定时间 t 的函数

(3)随动控制系统。

它又称为跟踪控制系统,即被控制参数的给定值预先不能确定,取决于本系统以外某一进行着的过程,要求系统的输出量随着给定值的变化而变化。

2.按系统的结构分类

(1)开环控制系统。

开环控制系统是最简单的一种控制系统,其特点是在控制器与被控对象之间只有正向控制作用,没有反馈控制作用。开环控制系统的结构简单,控制也及时,但控制精度低,抗干扰能力差。

(2)闭环控制系统。

在控制系统中,如果把系统的输出信号反馈到输出端,由输入信号和输出信号的偏差信号对系统进行控制,则这种控制系统称为闭环控制系统,也称为反馈控制系统。反馈控制系统具有较强抗干扰能力,且精度高,适用面广,是基本的控制系统。

(3)复合控制系统。

复合控制系统的反馈控制是在外部的作用下,系统的被控制量发生变化后才做出相应调节和控制的,在受控对象具有较大时滞的情况下,其控制作用难以及时影响被控量,进而形成快速有效的反馈控制。前馈补偿控制则在测量出外部作用的基础上,形成与外部作用相反的控制量,该控制量与相应外部作用共同作用的结果,被控量基本不受影响,即在偏差产生前进行了防止偏差产生的控制。在这种控制方式中,由于被控量对控制过程不产生任何影响,故它也属于开环控制。前馈补偿与反馈控制相结合,就构成了复合控制。它有两种基本形式:按输入前馈补偿的复合控制和按扰动前馈补偿的复合控制。

(二) 认识空调自动控制系统的组成

空调自动控制系统是由控制设备和受控对象组成,一般包含控制器、执行器、控制对象、传感器、变速器。为了更清楚描述空调自动控制系统各组成环节间信号的联系和相互关系,采用方框图表示系统的组成,如图 4-1-1 所示。

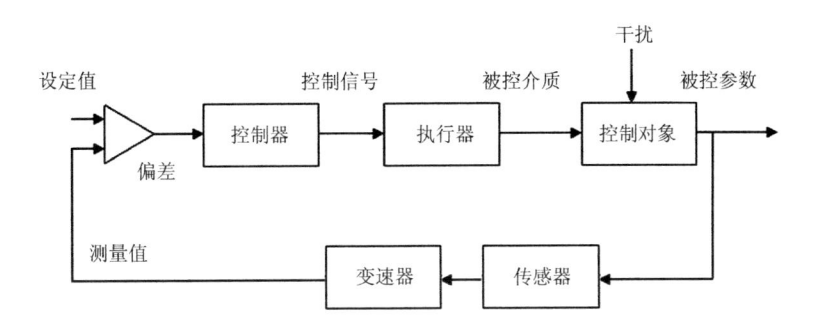

图 4-1-1 空调自动控制系统的组成

空调自动控制系统中的每一个组织环节用一个方框来表示,每一个方框都有一个输入信号,一个输出信号;方框间的连线和箭头表示环节间的信号联系与信号传递方向,信号可以分叉与交会。在空调自动控制系统中,除给定值变化外,凡是引起被控参数发生变化而偏离给定值的外因均称为干扰。干扰作用通过干扰通道影响被控参数,而控制作用通过控制通道影响被控参数。

1. 控制器

控制器又称调节器,其主要作用是将变速器传送来的信号与设定值比较后得到的偏差进行综合放大,并按一定的规律发出控制信号(如电动、液压动、气压动及机械动的信号)去操作执行器。

2. 执行器

执行器的作用是接收控制器的信号后,自动控制阀门的开或关以及开启大小等,如电磁阀、电动阀、蒸汽阀等都属于执行器。

3. 控制对象

控制对象包括被控制的设备和被控制的参数,如风量、阀门、电加热器以及湿度、温度等。在实际使用中,自动控制一般采用双位控制,即在控制机构中有 2 个固定位置(开启或关闭)的控制。如图 4-1-2 和图 4-1-3 所示为对温度的双位调节,其特点是室温在给定值上下波动呈等幅振荡过程。一般情况下,若波幅不超过空调允许波动值,其调节是合理的。

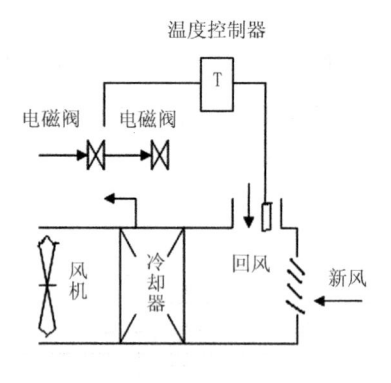

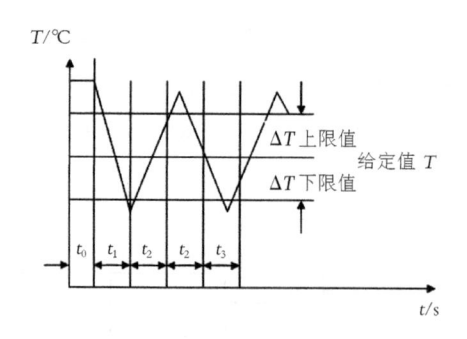

图 4-1-2 温度双位调节原理　　图 4-1-3 温度双位调节变化图

4．传感器

传感器又称测量元件或敏感元件。它的作用是将温度、湿度、压力、风速等物理量转化为电信号。传感器包括温度传感器、湿度传感器、压力传感器等。

5．变速器

变速器的作用是接收传感器传来的电信号，并将其转化为输出的机械信号或者电动信号输送给控制器。

（三）城市轨道交通车辆空调控制系统简介

城市轨道交通车辆空调机组采用微机控制方式，即可根据外界环境温度进行客室内温度控制，也可根据每车各自的温控器进行客室内温度控制，具有自诊断功能和故障记录功能。为了实现城市轨道交通车辆空调电气控制系统的小型化、智能化和系统化，城市轨道交通车辆客室内设置了空调控制柜。此控制柜内包含了空调控制相关的接触器、继电器、断电器、PLC 或空调控制器以及和不同空调元件进行通信所必要的连接器等，它根据预设参数，实现自动控制，对空调机组运行参数进行实时监测，出现故障时及时进行保护动作，避免由于保护不及时引起严重后果。

（四）城市轨道交通车辆空调控制系统基本组成及作用

城市轨道交通车辆空调控制系统一般由控制盘、紧急逆变器、监控通信系统组成。

1．控制盘

控制盘由 PLC 或空调控制器、直流供电系统（控制电路）、380 V 交流供电系统（空调机组主电路）、外围控制元件（包括接触器、继电器、保护电路等）和监控通信模块电路组成。

通风机 1 启动且通风机 2 启动=冷凝风机 1 或冷凝风机 2 启动

冷凝风机 1 启动或冷凝风机 2 启动=压缩机启动

式中,等号前面的事件是等号后面事件发生的条件。

在控制盘机组的输出中,还有其他控制信号,如压缩机启动和运行控制信号(压缩机有单独的启动回路),压缩机半载全载运行控制信号,压缩机欠压过压保护信号,压缩机转向及绕组温度保护信号,新风口、回风口的开启及闭合控制信号。

在控制盘外挂有温度传感器,用于采集环境温度供PLC或空调控制器内部控制程序使用。

2. 紧急逆变器

紧急逆变器是在列车辅助供电系统全部失电(机组主电路失电)或出现PLC故障,列车总线网络故障等(不同的车型,设置条件有所不同)条件下,以致所有通风机不能工作时启用并用于紧急通风的一种应急设备。它的输入电源是DC 110 V列车蓄电池,工作时将蓄电池的DC 110 V逆变成三相交流电,供通风机使用45 min。由于列车蓄电池的储量有限,在紧急通风模式下,通风机通常采用降频降压工作模式。紧急逆变器通常安装在车内的箱体中,如图4-1-4所示。

图4-1-4 紧急逆变器

(1)控制盘给紧急逆变器提供的信号。

①辅助供电检测信号。

②紧急通风信号。

③启动允许信号。

④风机工作信号。

(2)紧急逆变器的具体启动条件。

①辅助逆变器失电。空调启动后,紧急逆变器开始检测运行启动信号,若正常,则PLC或空调控制器正常投入工作,紧急逆变器待命。在待命过程中,紧急逆变器一直在监视主电路中辅助逆变器的供电情况,若检测出失电情况,紧急逆变器立即输出紧急通风信号给PLC或空调控制器。PLC或空调控制器收到信号就断开所有通风机的

接触器,然后紧急逆变器再去检测所有的通风机接触器,确保全部断开后,就开始同时向客室输出三相交流电供通风机用。在运行过程中(45 min 内),紧急逆变器还是一直在监视辅助逆变器的供电,若供电恢复正常,则紧急逆变器停止工作,然后撤销紧急通风信号,通知 PLC 或空调控制器启动主回路接触器。

②PLC 故障。空调系统在运行过程中,如出现 PLC 故障,紧急逆变器会检测通风机接触器的接通情况,若没有全部断开,则紧急逆变器不投入工作。只有在检测到所有的通风机接触器全部断开,它才向 PLC 发送紧急通风信号并保持此信号(供 PLC 在恢复正常的时候能发现此信号,PLC 才不会误操作启动通风机接触器造成短路事故),并启动紧急通风。

③列车总线网络故障。当出现列车总线网络故障时,系统进入紧急通风状态。空调机组持续执行紧急通风模式直至列车总线网络发出停止紧急通风命令。系统收到"取消紧急通风"命令后,紧急通风模式停止。

3．监控通信系统

(1)通信。

PLC 或空调控制器自带 RS-485 口、RS-232 口,通过 PC/PPI 通信电缆,一端接 PLC 或空调控制器的通信口,另一端接便携式电脑,即可通过标准 RS-232 口直接进行信息传递。

(2)监控。

通过外接计算机,可以查询的内容有：

①传感器检测的实时温度;

②车厢温度(两机组传感器检测的实时温度的平均值);

③设定温度;

④当前空调机组的运行状态;

⑤机组各电机的运行状况;

⑥压缩机的累计工作时间;

⑦故障信息,包括当前故障和历史故障及相关维修记录。

(五)认识制冷控制元件

1．节流装置

(1)热力膨胀阀。

热力膨胀阀也称自动膨胀阀,是利用蒸发器出口制冷剂蒸气的过热度来自动调节制冷剂节流降压的结构。

(2)电子膨胀阀。

电子膨胀阀是一种按照电脑预先设定的程序进行流量调节的装置,由于其直接检测蒸发器出口的过热度,故信号传递速度快,调节反应迅速。

(3)毛细管。

当流体沿毛细管流动时,由于管道有阻力而产生压降,管径越小,流动阻力就越大,产生的压降就越大。

2．电磁阀

电磁阀是一种开关式的常闭自控阀门。电磁阀的打开是依靠线圈在通电以后所产生的电磁力,而电磁阀关闭是依靠复位弹簧及阀芯的重力。电磁阀的结构形式很多,一般分为直接开启式和间接开启式两类。电磁阀通常串联在制冷系统的管路中,用以控制系统管路中流体的接通或断开。

3．温度控制器

温度控制器包括温度传感器,主要用电接点水银温度计、热敏电阻、感温包等作为感温元件,一般用来检测新风温度和回风温度。空调控制系统通过相应的温度采集模块选择空调运行模式,为乘客提供最舒适的环境。

4．压力保护器件

制冷系统中一般都设置高压压力保护、低压压力保护、油压控制器等。

高压压力保护用来监视和控制排气压力,防止高压系统压力超限。如当室外热交换器脏、制冷剂充注过多、冷凝风机反转、排气管路堵塞、室外通风机不转、空气或不凝性气体混入系统时,都会引起高压系统压力超高。一旦高压过高,压缩机的排气压力也过高,会导致压缩机电机过载运行而受损害。因此,系统中设置高压压力保护,当系统高压压力过高时会使压缩机停机。

低压压力保护用来监视和控制吸气压力,防止压缩机吸气压力过低。如制冷剂泄漏、吸入空气温度太低、风量不足、低压管路堵塞、蒸发器散热片堵塞等会引起低压压力保护器动作。当系统压力过低时,不仅会影响机组的正常工作,而且压缩机近于空载运行也会损害电机。因此,系统中设置低压压力保护,当系统高压压力过低时会使压缩机停机。

在制冷压缩机运转过程中,它的运动部件会摩擦发热。为了减少运动部件的磨损和防止部件发热变形而发生事故,必须不断供给一定压力的润滑油,使运行部件得到润滑和冷却。若供油压力因某种原因而降低时,则会使压缩机得不到足够的润滑油,压缩机就会发生故障。为了保证压缩机的安全运转,故在系统中设置油压控制器,当油压降低到某一调定值时,就切断压缩机的电源,以保护压缩机。

(六) 认识运行控制和常见保护功能

空调自动控制系统的作用是控制各系统按设定的方案协调地工作,使车内空气参数满足设计的需求,同时对各系统进行自动保护和故障显示。

1. 运行控制的注意事项

(1)电机联锁。制冷工况各电机均应按顺序联锁,前级设备未启动,后级设备不允许启动。空调机组内通风机不运行,则两台冷凝风机、两台压缩机均不允许开启;机组内有一台冷凝风机不运行,则两台压缩机均不允许启动。

(2)室外温度低于某一数量值或室内温度低于某一数量值时,禁止开启压缩机。

(3)为防止压缩机频繁启动及多台压缩机同时启动,每台压缩机的控制电路中均设有时间继电器,控制每台压缩机在冷凝风机启动后延时启动,并使多台压缩机按顺序启动。

(4)为了使同一机组中的两台压缩机运行时间尽量一致,在控制电路中设有转换继电器,使两台压缩机在单机工作时轮流工作。

(5)不同的车型应安装不同数量、不同制冷量的空调机组,同样也应配有不同形式的电气控制系统。

2. 空调控制运作模式

城市轨道交通车辆空调机组的控制运作模式主要有以下几种。

(1)通风状态。

两个机组的通风机全部运行,而且新风阀、回风阀全部打开。

(2)紧急通风状态。

两个机组的通风机全部运行,且新风阀全部打开,回风阀全部关闭。

(3)半冷(弱冷)状态。

两个机组的送风机全部运行,冷凝风机也全部运行,每个机组的压缩机只有累计运行时间少的压缩机运行,即只有一半的压缩机启动。

(4)全冷(强冷)状态。

两个机组的送风机全部运行,冷凝风机全部运行,每个机组的压缩机全部运行,即所有的压缩机启动。

(5)自动冷状态。

空调机组根据规定的目标温度来控制空调机组处于通风模式、半冷模式或全冷模式。

①按照UIC曲线计算的目标温度。

根据UIC553,当环境温度高于19 ℃时,客室温度将按以下公式计算:

$$T_{ic}=22\ ℃+0.25(T_e-19\ ℃)$$

当环境温度低于19 ℃时,客室温度将维持在22 ℃,即

$$T_{ic}=22\ ℃$$

在实际控制过程中,室内温度与目标温度将保持在±1 ℃的偏差范围内。

当 $T_e>19\ ℃$ 时,$T_i=22\ ℃+0.25(T_e-19\ ℃)±1\ ℃$

当 $T_e≤19\ ℃$ 时,$T_i=(22±1)℃$

式中:T_e——环境温度;

T_i——室内温度;

T_{ic}——室内目标温度。

室内目标温度与环境温度的变化关系如图4-1-5所示。

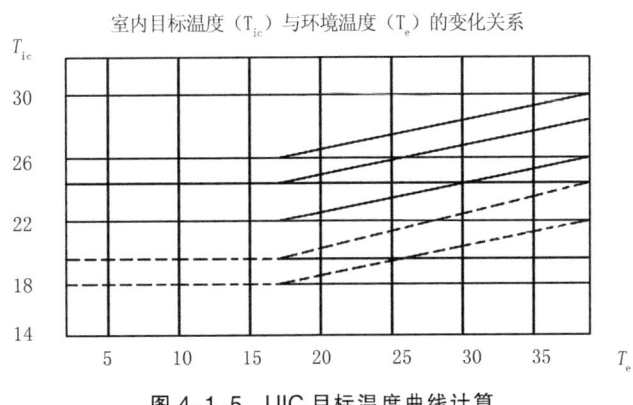

图4-1-5 UIC目标温度曲线计算

②设定的目标温度。

目标温度也可以根据实际需要人为地将温度值设定在19 ℃,21 ℃,23 ℃,25 ℃,27 ℃等。

(6)停机状态。

所有的通风机、冷凝风机、压缩机均停止运行。

3. 常见保护功能

(1)主电路设置欠压、过压、三相电压不平衡保护,可防止主电路的电压波动对机组造成损坏。

(2)电机过载保护。任何一台通风机过载保护动作,则断开机组所有冷凝风机和压缩机,另一台通风机继续运行;任何一台冷凝风机过载保护动作,则断开机组所有

冷凝风机和压缩机,机组仅通风机运转。

(3)压缩机低温、低吸气压、高排气压、过流保护。压缩机控制电路中串联有压缩机低温运行保护继电器,以防止压缩机在蒸发器前进风温度低于 20 ℃时运转,产生液击现象;采用低压继电器以防止制冷系统泄漏、吸气压低于 190 kPa 时压缩机运转,产生过热现象;采用高压继电器以防止排气压高于 2.65 MPa 时压缩机运行,产生阀片损坏、高压部分管路破裂等现象;采用过流继电器以防止压缩机工作电流超过额定电流时烧坏压缩机的现象出现。

(4)电加热器过热保护。为了防止通风机停转或转速达不到规定值,风道堵塞时,机组内电加热器上部温度过高而引起火灾事故,电加热器控制电路中设有温度继电器及熔丝式温度熔断器。当风道温度超过 70 ℃时,温度继电器动作,切断电加热器接触器的控制电源。若温度继电器损坏,电加热器的温度超过 139 ℃,串联在电加热器主要电路中的温度熔断器将会断开,直接切断电加热器的主电路来保护电加热器。

二、操作步骤

(一) 运行控制原则的认知

(1)找出压缩机、继电器的具体位置。

(2)对照实物说出电机联锁的作用。

(3)对照实物说出为什么室外温度低于某一数量值时,禁止开启压缩机。

(4)对照实物说出为什么要控制多台压缩机顺序启动。

(5)对照实物说出空调控制系统的运行控制原则。

(二) 电路欠压、过压、三相电压不平衡保护的认知

(1)找出主电路器件的具体位置。

(2)对照实物说出电路设置欠压、过压、三相电压不平衡保护的作用。

(三) 电机过载保护的认知

(1)找出通风机、冷凝风机和压缩机的具体位置。

(2)对照实物说出电机过载保护的原理和作用。

(四) 压缩机低温、低吸气压、高排气压、过流保护的认知

(1)找出压缩机、运行保护继电器的具体位置。

(2)对照实物说出压缩机低温、低吸气压、高排气压、过流保护的原理和作用。

(五) 电加热器过热保护的认知

(1)找出电加热器、温度继电器的具体位置。

(2)对照实物说出电加热器过热保护的原理和作用。

拓展知识

一、城市轨道交通列车通信网络控制系统简介

列车通信网络控制系统是将列车的各个子系统及相关外部控制电路的信息进行读取、编码、通信传递、数据逻辑运算及输出控制的一个计算机网络系统。该系统就好比人类的神经系统,能通过手和眼睛对自身所处的状态、外部环境进行感知和控制,并对不同情况做出一定反应。而在列车上,该系统则是对列车的供电状况、速度、列车运行模式等状态信息进行实时控制和识别,并根据读取到的列车驾驶人员发车的指令信息,对列车上各个子系统发车相关控制指令进行调整控制,以符合设定的功能要求,实现对列车的有效控制。

(一)现场总线技术

(1)现场总线是指安装在生产现场的计算机、控制器及生产设备等连接而成的网络。现场总线一般具有如下特点。

①在预定的时间内完成信息的传递,以满足现场实时控制和诊断的需要。

②现场总线所传递的信息都是短信息。牢固可靠,不易出错。

③随着微电技术的不断进步和分布式现场总线技术的迅猛发展,越来越多的城市轨道交通列车选择使用列车通信网络,实现对车载设备的集散式监视、控制和管理,并逐步实现列车控制的信息化、网络化和智能化。

(2)列车控制网络系统的主要特点如下。

①集散性:由于列车设备布置和限制,列车通信网络控制系统必须连接到列车各部位的设备上对其进行监视、控制和管理。总线网络在设备布置上有优势。

②实时性:由于列车是运动型的高安全服务设备,因此首要任务是控制的实时性,特别是高速列车,由于速度很高,环境变化快,其产生的通信信息不仅内容量大,而且对控制命令传输的实时性要求更加严格。

③高速通信:由于列车中的设备日益增多,功能日益强大,需要通信的数据量越来越多,高速的网络通信不但为了满足通信数据量的要求,而且为了保证网络的实时性。除了实时数据外,非实时的数据信息也通过同一网络传输。

④冗余性:由于列车控制网络系统进行了所有设备的监视、监控和管理,如果网络设备出现问题,将严重影响列车运行,因此需要考虑冗余性,以保证安全。

(二)列车总线类型简介

列车通信控制系统主要包括以下几种比较常见的列车总线。

1.MVB 总线

列车通信网(Train Communication Network,TCN)是目前运用较广泛的一种列车控制总线网络,它包括两种总线类型:绞线式列车总线(WTB)和多功能车辆总线(MVB)。

多功能车辆总线是用于在列车上设备之间传送和交换数据的标准通信介质。附加在总线上的设备可能在功能、大小、性能上互不相同,但是它们都和 MVB 相连,通过 MVB 来交换信息,形成一个完整的通信网络。

LonWorks 总线技术:LonWorks 是一种有强劲实力的现场总线技术,由美国 Echelon 公司推出,并与摩托罗拉、东芝公司共同倡导。它采用了 ISO/OSI 模型的全部七层通信协议,采用了面向对象的设计方法,通过网络变量把网络通信设计简化为参数设置,其通信速率从 300 bps 至 1.5 Mbps 不等,直接通信距离可达 2 700 m(78 kbps,双绞线);支持双绞线、同轴电缆、光纤、射频、红外线、电力线等多种通信介质,并开发了相应的防爆产品,被誉为通用控制网络。LonWorks 技术所采用的 LonTalk 协议被封装在称为 Neuron(神经元)的芯片中而得以实现。

2.CAN 总线

CAN(Controller Area Network)属于现场总线的范畴,它是一种有效支持分布式控制或实时控制的串行通信网络,属于工业现场总线的范畴。与一般的通信总线相比,CAN 总线的数据通信具有突出的可靠性、实时性和灵活性。由于其良好的性能及独特的设计,CAN 总线越来越受到人们的重视。

ARCNET 网络:ARCNET 令牌环网络现场总线是一种优秀的现场总线。之所以这样说,是因为 ARCNET 能够很好地体现上述现场总线的特点和要求,主要体现在以下几个方面:

ARCNET 使用令牌环传输协议来满足现场总线对时间的要求;由于 ARCNET 使用长度可变的数据,响应时间短,能够满足短信息的应用要求;ARCNET 内置的 16 位 CRC 校验安全码,满足现场总线要求的安全可靠的需要;ARCNET 还具有传输确定性,支持广播消息,支持自动重构,网络布线支持最为灵活等优点。

二、典型 ARCNET 列车通信控制网络系统介绍

广州地铁 4 号线列车监控系统:广州地铁 4 号线列车监控系统应用的是 ARCNET 列车总线。它采用的是以中央控制单元(CCU)、本地控制单元(LCU)为核心的列车通信网络构架,是基于现场总线技术的分布式控制系统。

列车管理系统(TMS)集中提供了控制和监视车载系统和设备的功能。列车的操

作及车载系统的故障诊断、故障数据记录、事件分析和报告等功能都集在一个分部式智能系统中。TMS 对列车的控制、监控和诊断都是基于与各子系统的通信的,与 TMS 进行通信的包括以下子系统:

牵引系统,制动系统,辅助供电系统,空调系统,车门系统,列车广播系统及乘客信息系统(PIDS),列车自动控制系统(ATC),列车无线通信系统。

TMS 主要实现对列车的以下控制功能:

牵引控制,制动控制,速度与行驶距离控制,空气压缩机与空调的启动顺序控制。

下面简单介绍空气压缩机与空调的启动控制功能。

为了避免所有空气压缩机同时启动时所造成的冲击电流,TMS 对空气压缩机和空调的启动进行顺序控制。TMS 通过车辆总线发送启动码给空调系统,从而对空调的启动进行控制。TMS 每隔 10 s 改变一次启动码。在制动空气压缩机没有启动时,每个空调系统每隔 40 s 收到一次启动码。

只有当空调控制单元(ACU)收到持续时间为 2 s 的触发信号时,才启动对空调系统的控制。而当已经启动的空调控制单元收到触发信号时,它将忽略此信号。同时,当 TMS 检测到空气压缩机接触器正在启动时,会将 10 s 的时间间隔调整为 13 s,以避免空调压缩机与制动空气压缩机的同时启动。

图 4-1-6 和图 4-1-7 分别表示了制动空气压缩机未启动和启动时,空气压缩机与空调的启动时序。

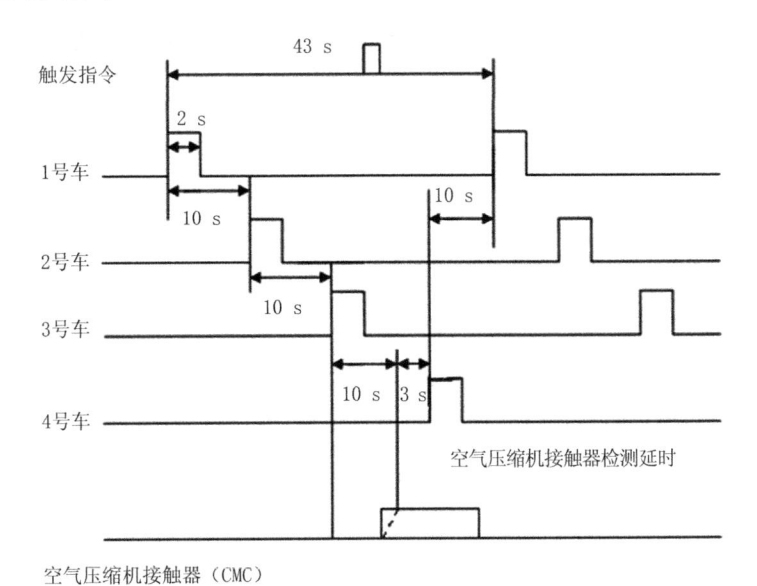

图 4-1-6 空气压缩机未启动时空调启动时序

图 4-1-7 空气压缩机启动时空调启动时序

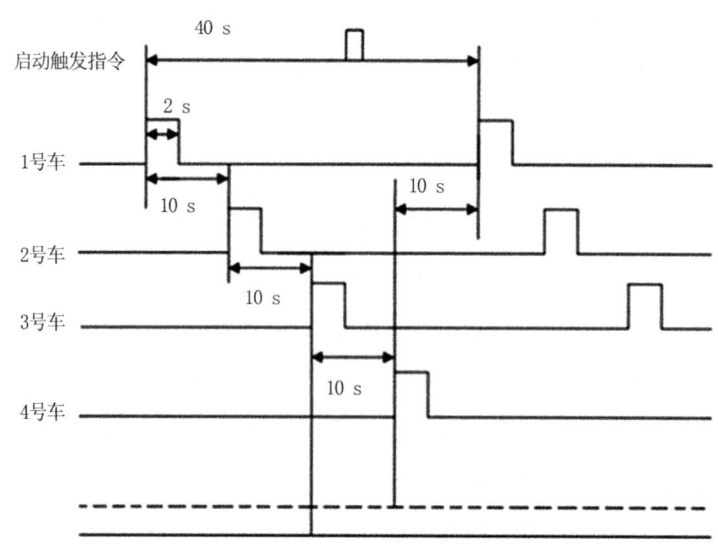

任务评价

表 4-1-1 评价表

评价内容		评价标准	分值	学生自评	教师评价
理论评价	空调自动控制系统相关知识	(1)是否能描述空调自动控制系统的组成、作用、特点 (2)是否能描述制冷控制元件种类	20分		
	车辆空调控制的基本原则	是否能描述车辆空调控制的基本原则	20分		
技能评价	车辆空调控制的保护功能	(1)是否能进行主电路欠压、过压、三相电压不平衡的保护设置 (2)是否能对压缩机低温、低吸气压、高排气压、过流、过热保护进行设置	20分		
	车辆空调不能调温的故障检修	(1)是否能正确运用五步检修法 (2)是否能排除故障	25分		

续表

评价内容		评价标准	分值	学生自评	教师评价
情感评价	学习态度	(1)是否能积极思考,回答问题,与教师进行互动 (2)是否有充分的课前准备,教材及学习用品是否齐备	5分		
	操作规范	操作是否规范	5分		
	团队协作（在任务中请教他人或帮助他人）	是否具有团队协作精神	5分		
总分			100分		
学习体会：					

课后练习

(1)简述空调自动控制系统的组成、作用、特点。

(2)简述制冷控制元件的种类及作用。

(3)简述车辆空调控制的基本原则。

(4)简述车辆空调控制的保护功能。

(5)以空调不能实现温度调节控制为例进行检修,试填写检修报告。

(6)简单介绍空气压缩机与空调的启动顺序控制功能。

(7)举例说明MVB通信控制系统。

任务二 空调控制系统的维护

任务目标

城市轨道交通车辆客室内设置了空调控制柜。此控制柜内包含了与空调控制系统相关的接触器、继电器、PLC(或空调控制器)、空气开关以及和不同元件进行连接所必要的连接器等,通过学习知道空调自动控制系统的组成及作用;掌握接触器、继电器、PLC(或空调控制器)、空气开关的维护与检查。

任务分析

本任务主要掌握城市轨道交通车辆空调控制系统各主要部件的维护,对其维护流程要清楚,保养操作时要按规定要求做,对部件的拆装及工具的使用要注意流程规范。实施任务时要特别注意安全要求和规范,使用拆装工具时注意力度的掌握,一般以学习小组为单位实施。

任务实施

一、任务准备

警告！工作中必须注意人身及设备的安全。要遵守安全操作规程,不得随意触动带电部分,要尽可能切断电路电源,只在控制电路不带电的情况下进行检查,以免故障扩大。

(一) 电气系统的维护

空调控制装置属于电气设备,其应按电气系统进行定期的维护保养。日常的检修过程中应该注意检查各种连接导线是否断线、脱落、虚接、绝缘老化,以及接触是否良好,必须经常清理电气元件上的污垢和灰尘,雨季要防止绝缘部分受潮而漏电。电气设备的接地线必须安全可靠,维护时还必须注意作业安全。

1. 控制盘的维护

控制盘的灰尘、污垢和受潮易造成电气绝缘电阻下降、触头接触不良、散热条件恶化,甚至造成接地与短路故障,因此应注意检查各电气元件有无污垢和绝缘破损的现象,要经常清扫灰尘和污垢。在列车运行中,电气控制柜内电气连接紧固处易松动,对接触器、接线端子、引线有烧焦变色痕迹的地方要进行检查和更换处理。对温度控制器和各保护器整定值的调节要合理适当,不要随意调整。

2. 电气线路的维护

对于电气线路,主要进行各分线盒内接点的紧固情况与绝缘检查,一般每年进行1次。各接点必须紧固,绝缘板不得有变色、焦痕,必要时更换新绝缘板。

(二)电气系统的检查

空调机组在长期的运行中可能会出现各种各样的问题,必须进行电气设备的各种检查。

1. 绝缘电阻的检查

空调机组长期使用,加上水汽和灰尘的长期累积,使电气零部件的绝缘性能下降。因此必须对电气设备进行必要的绝缘检查。如出现绝缘水平下降的情况,可采取断开有关线路分段测量的方法找到漏电部位,然后更换零部件或加强其绝缘性。

2. 电气开关元件的检查

对于这类元件,主要检查选择开关、温度控制器、保护继电器触点是否完好,动作机构是否灵活。平时应掌握各种电气线圈的阻值数据,这是判断电气好坏的重要标志之一。因为在继电器吸引线圈烧毁的故障中,单从外表观察是不容易发现问题的,这时只有用万用表实际测量吸引线圈的阻值来判断故障点。通常,各种电气开关元件都装在控制盘内,具体如图 4-2-1 所示。

图 4-2-1 空调控制柜内实物图

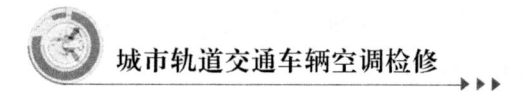

二、操作步骤

(一) PLC 的维护与检查

(1)查端子排的导线连接螺丝是否松动,如松动应及时拧紧。

(2)检查各模块之间的连接电缆是否松动,如松动应及时插紧。

(3)通电后检查 PLC 各模块是否工作正常,各指示灯状态是否正常,如有故障应及时查原因并检修。(注意:安装或拆卸 PLC 各模块时应切断所有电源)

(二) 接触器的维护与检查

(1)断开控制盘连接的电源。

(2)断开与接触器连接的接线。

(3)松开卡扣式外壳,拆下接触器。

(4)检查接触器有没有灰尘或接触不良,并用软毛刷或真空吸尘器清理接触器上的灰尘。

(5)晃动接触器,如果有咔嗒的声音,表明接触器内部已经烧坏,应更换烧坏的接触器。

(6)检查触点有没有严重的毛刺,用 200 目的细锉刀将损坏部位锉平,然后用浸染了四氯化碳的布清洗接触器的触点。如果触点熔化而牢固地连接在一起,应立即更换接触器。

(7)扣上外壳,将线缆连接到接触器上。

(三) 继电器的维护与检查

(1)确定与控制盘连接的电源已经断开。

(2)断开和继电器连接的线路。

(3)松开卡扣式外壳,拆下继电器。

(4)检查继电器有没有接触不良或灰尘。

(5)需要时,用软毛刷或真空吸尘器清理继电器的灰尘。

(6)更换接触不良或烧坏的继电器。

(7)扣上外壳,将线路重新连接到继电器上。

(四) 空气开关的维护与检查

(1)检查端子紧固螺钉。电线安装及导线连接螺丝是否松动,应及时拧紧。

(2)经常接通的空气开关,在定期检查时要进行反复开关操作,以便清除触点,防止异常发热。

(3)触点烧损时,用细锉或砂纸轻轻打磨后,在含有中性洗涤剂或汽油的软布清洗触点。

(4)在断开电源后,把空气开关拆下来进行下列检查。测量绝缘电阻应大于规定值 5 MΩ,进行耐压试验应符合要求(大于 500 V),如达不到规定要求,应予以更换。

拓展知识

随着微机等技术的发展,地铁车辆空调控制系统已由以往的完全由继电器、接触器为主的电路控制转为以微机控制为主。下面以深圳地铁 1 号线、5 号线车辆空调为例进行介绍。

一、深圳地铁 1 号线车辆空调控制模式

深圳地铁 1 号线一期地铁车辆每节车装有两台相同的顶置单元式空调机组,用于客室和司机室的空气调节。运用一台 FPC 24 空调控制器实现对每节车的两台空调机组的控制。带司机室的 A 车还配有独立的司机室通风单元,可通过手动旋钮开关对风量进行多级调节。

每节车的空调控制柜装有空调控制器和温度控制板,用于控制本节车两台空调机组的空气调节。空调系统的运行模式包括关机模式、通风模式、预制冷模式、制冷模式、弱冷模式和紧急通风模式。

每台空调机组通过设在温度控制板上的旋钮式温度选择开关来选择以下控制模式:关闭、试验、自动、手动模式(19 ℃,21 ℃,23 ℃,25 ℃,27 ℃)。

(一) 关闭

两台空调机组都停机,输出信号的故障灯亮,表示空调无故障。

(二) 试验

在此运行模式下,机组可以在缺少低压保护、温度保护等的情况下进行部件功能测试,因此在正常情况下不使用该模式。

(三) 自动模式

在正常运行时,空调温度选择开关设置满足下列条件时,系统处于"自动":

(1)当模式选择开关处于自动,19 ℃,21 ℃,23 ℃,25 ℃,27 ℃中任意挡位。

(2)控制器接收到来自 VCU 的运行信号。

自动模式下,空调机组完全由控制器控制。空调系统将根据规定的目标温度、车厢内温度,结合新风温度及送风温度保护,通过 PI 调节计算出制冷需求。空调系统根

据制冷量计算结果将按适宜模式运行:没有制冷需求,通风模式;0<制冷需求<50%,半冷模式;50%<制冷需求,全冷模式。

当模式选择开关处于"自动"挡时,空调控制器将根据室外温度按 UIC 曲线计算目标温度。按以下公式当环境温度高于 19 ℃时,客室目标温度将根据 UIC553 曲线计算:

T_{ic}=22 ℃+0.25(T_e−19 ℃)

其中:T_e——外界环境温度;

T_i——室内温度;

T_{ic}——室内目标温度。

当环境温度低于 19 ℃时,空调系统将保持通风。

在实际控制过程中,室内温度与目标温度将保持在±1 ℃的偏差范围内,即当 T_e>19 ℃,T_i=22 ℃+0.25(T_e−19 ℃)±1;当 T_e≤19 ℃,空调系统将保持通风。

为使空调机组在"自动模式"时适应不同的制冷要求及特点,空调机组可按以下子模式进行运行。

预冷子模式:在"自动模式"中,制冷系统首次运行时,系统处于"预冷子模式"。启动预冷后,空调新风阀关闭,回风阀打开,以使客室内温度迅速降低。当系统接收到"退出预冷"信号,或"预冷子模式"运行时间超过 15 min,则"预冷子模式"结束。

降级子模式:在"自动模式"中,当系统接收到"降级运行"信号后,系统处于"降级子模式"。在此模式下,空调机组的通风机、冷凝风机运行状态不变,但当有制冷需求时,每台机组最多只允许一台压缩机运行。

高温保护子模式:在"自动模式"中,当室外温度高于 42 ℃,若有制冷需求,空调机组的通风机、冷凝风机、压缩机运行状态不变,但为了保护压缩机,系统切除一半蒸发器,降低压缩机的运行负荷。当室外温度高于 50 ℃时,压缩机停机,此时系统处于"高温保护子模式"。

(四) 强制通风模式

满足下列条件时,系统处于"强制通风模式":

(1)当模式选择开关处于自动,19 ℃,21 ℃,23 ℃,25 ℃,27 ℃中任一挡位。

(2)控制器接收到来自 VCU 的"强制通风"信号。

(五) 紧急通风模式

满足下列任意条件之一时,系统将处于"紧急通风模式":

(1)MVB 发生故障时。

(2)MVB 正常,但收到"紧急通风"命令。

二、深圳地铁5号线车辆空调控制系统

深圳地铁5号线车辆空调系统由空调机组及其控制系统组成,用于确保列车保持一个舒适的温度和湿度状态。由于深圳在地理位置上处于亚热带气候地区,根据建设部相关标准的要求,冬季供暖天数为零,因此车辆没有设置供暖系统。

控制系统设计是空调系统设计的一个重要部分,其功能主要是通过软件控制空调机组的运行和停止,并于网络传递各类信息。

深圳地铁5号线车辆的列车网络采用西门子SIBAS32系统,能高速、大容量地传输信息,具有强大的诊断、控制功能。空调控制系统通过MVB网卡与列车总线网络连接,实现与列车控制单元VCU的网络通信。司机室发出的命令信号及VCU发布的控制指令通过列车MVB网络发送给空调控制系统;同时,空调控制系统也能通过列车网络将状态信息或故障信息反馈至VCU并在司机室显示器MMI上显示。

1.控制命令传输

深圳地铁5号线车辆充分利用西门子网络的可靠性,空调开关命令通过网络传输。

司机台上三个按钮:"开整列车空调""开左侧空调" 均是带白色指示灯的按钮,"关空调"是带红色指示灯的按钮。按钮按下后,SKS采集到开/关空调的脉冲信号,并发送相应的电平信号,驱动指示灯点亮。这样,空调的开关命令、空调状态保持功能和灯的驱动全部通过软件实现,不需要任何列车线,大大简化了空调的控制电路和布线工作。

2.工作模式

(1)正常工作。

列车上的6台辅助逆变器都正常工作时,空调机组正常工作。空调机组的核心部件是压缩机,机组的主要功率也消耗在压缩机上。针对压缩机启动时产生短时冲击电流的特点,全列车的所有压缩机应设计成顺序启动,由VCU循环发送允许指令,产生不同延时,分别送至各车厢,各车厢依次按指令顺序执行操作,以避免同时启动带给辅助电源较大的冲击电流。

如图4-2-2所示,在每个循环周期内,VCU一个接一个地给每节车的空调机组1和机组2分别传输一个2 s宽的允许信号,即"Cmd-release-comp-X=1",两个允许信号之间间隔为0.5 s。在每个循环周期内,当VCU检测到有空气压缩机启动请求时,将空气压缩机启动信号允许间隔改为7 s,增加的5 s允许空气压缩机启动。

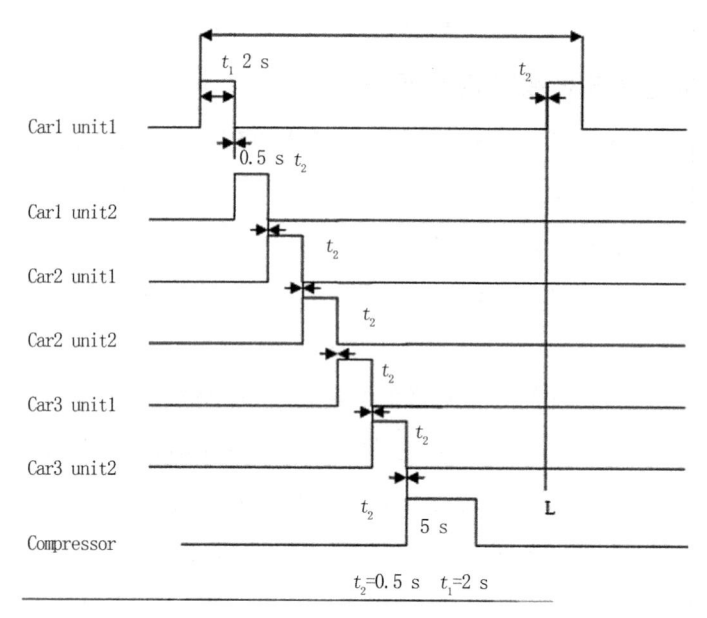

图 4-2-2 压缩机启动顺序图

(2)减载模式。

当部分辅助逆变器发生故障时,其他的辅助逆变器自动通过列车母线为全列车提供电源,即扩展供电,这时大部分辅助设备需要减载运行,空调机组也将根据VCU所发出的信号,自动运行减载模式,具体如下。

①1 台辅助逆变器发生故障,将切除每个 C 车 1 位端空调单元各 2 台空调压缩机。

②2 台辅助逆变器发生故障,VCU 给 B、C 车空调控制单位发减载命令,空调控制器收到此命令将切除每个空调单元各 2 台空调压缩机,保证列车 50%制冷。

③4 台或 5 台辅助逆变器发生故障,VCU 给所有空调控制单元发减载命令,则全列车空调压缩机全部切除,仅保留通风。

(3)紧急通风模式。

当系统满足下列任意一个条件时,系统处于紧急通风模式。

①当 MVB 网络发生故障或无网络时,即使在非激活供电情况下,空调系统自动进入紧急通风模式。

②当 VCU 接收到"空调开"命令,但三相 380 V,50 Hz 交流电源供电发生故障时,VCU 进行判断并传输紧急通风指令到空调控制器。

紧急通风模式下回风阀关闭,新风阀打开,送风机由紧急逆变器供电工作,压缩机、冷凝风机等设备停止运行。紧急通风模式的运行在得到取消"紧急通风"命令时停止,若持续收到"紧急通风"命令,则至少运行 45 min,直至蓄电池馈电。紧急通风模式在 MMI 上显示。当交流电源恢复正常后,空调的通风系统将自动恢复正常运行状态。

3.预冷功能

一般,地铁车辆在发车前空调需要对车厢进行预冷,以便旅客一上车就有一个舒适的温度。

深圳地铁 5 号线车辆空调系统每天第一次启动期间,空调控制器将判断是否需要预冷。当启动预冷功能后,空调新风阀关闭,回风阀打开,以使客室迅速达到目标温度。当客室内温度达到目标温度,或系统接收到"退出预冷"信号,或"预冷子模式"运行时间超过 15 min,则"预冷子模式"结束。

司机可以通过按 MMI 上的按钮"precooling stop"来取消预冷子模式,此取消信号将通过 MVB 传送给列车所有的空调控制器,通过此方式改善空调机组的预冷时间,可以达到节能的目的。

4.新风量调节

夏天,车厢内很容易充满食品的气味、人体味等各种气味,所以车上乘客越多,所需新风量越大,但新风量开得太大,又不利于节能。VCU 将根据载荷信号对新风量分挡调节,以节约能源。

深圳地铁 5 号线车辆 VCU 根据载荷信号可以控制新风量进行三挡调节:

(1)当载客量小于 100 人时,VCU 将载荷信号 1 发送给空调控制器,它将控制新风阀的开度为 30%。

(2)当列车载客量大于 100 人,小于 310 人时,VCU 将载荷信号 2 发送给空调控制器,它将控制新风阀的开度为 70%。

(3)如果载客数大于 310 人,则新风阀全开。

5.火灾模式

一旦隧道中发生火灾,为防止烟雾进入车厢,司机必须按 MMI 上的"关新风",VCU 将发送一个 2 s 的脉冲信号给空调控制器,空调机组新风阀关闭。

6.温度设定

可以在司机室通过 MMI 对整列车空调的温度进行调节,也可以通过每辆车内的温度选择开关装置来调整,优先执行温度选择开关的设置。

司机室 MMI 界面上包含了整车内空调系统模式的设置,可通过上下指针选择区域,按下相应按钮更改设置。如选择"温度模式",可操作"自动"或"手动"按钮;如选择"手动选择",可操作"-2K""-1K""+1K""+2K"按钮。

每节车上装有 2 个回风温度传感器,客室的实际温度可由 VCU 通过"Temp-return-air-1"和"Temp-return-air-2"计算得到,并显示在 MMI 上。

温度模式能在 MMI 屏上被选择:如果在 MMI 上选择"自动"模式,VCU 将把命令信号"Cmd-UIC-automatic=1"通过 MVB 发送给每个空调控制器,空调控制器将根据"客车车厢的通风、供暖和空调"标准(UIC553-2004)推荐的设定温度曲线自动设定车内温度;如果在 MMI 上选择"手动"模式,温度偏差只能通过 MMI 上 4 个软按钮来设定,每按一次按钮,标准 UIC553-2004 推荐的设定温度区域将相应降低 2 K、1 K,或增加 2 K、1 K。

在每节车空调电气柜中的控制板上设有空调系统控制选择按钮,能够对空调系统的控制模式进行选择。处于温度选择的 19 ℃,21 ℃,23 ℃,25 ℃,27 ℃挡位时,空调控制系统按照设定的温度对车厢内温度进行控制。在自动定位时,车内温度应按照标准 UIC553-2004 推荐的设定温度曲线进行调节。

任务评价

表 4-2-1 评价表

评价内容		评价标准	分值	学生自评	教师评价
理论评价	车辆空调控制系统相关知识	(1)是否能描述车辆空调紧急逆变器,控制通信系统的作用、特点 (2)是否能对控制盘功能进行描述	30 分		
技能评价	车辆空调控制装置维护和检查	(1)是否能对车辆空调控制装置电气系统进行维护 (2)是否能对车辆空调控制装置电气系统进行检查	35 分		
	检修流程	是否能正确选用维修方法进行检修流程	20 分		

续表

评价内容		评价标准	分值	学生自评	教师评价
情感评价	学习态度	(1)是否能积极思考,回答问题,与教师进行互动 (2)是否有充分的课前准备,教材及学习用品是否齐备	5分		
	操作规范	操作是否规范	5分		
	团队协作（在任务中请教他人或帮助他人）	是否具有团队协作精神	5分		
总分			100分		
学习体会：					

课后练习

(1)车辆空调系统电路具有哪些主要功能？

(2)空调机组的运行模式一般包括哪些？

(3)简述深圳地铁5号线车辆的空调控制开关工作原理。

任务三　空调控制系统故障的诊断与检修

任务目标

通过学习知道空调控制器/PLC 与列车控制及监控系统接口；会风机过载故障的诊断与检修；会压缩机故障的诊断与检修；会接触器故障的诊断与检修；会温度传感器故障的诊断与检修；会紧急通风逆变器故障的诊断与检修。

任务分析

本任务主要培养对车辆空调控制系统的故障判断与检查能力。故障判断的基础是熟悉空调控制系统的工作原理以及其正常运行的特征和参数，在确定有故障的前提下再按照规定的操作步骤进行故障检查。特别要注意检查故障的流程应正确，检查的现象与参数要完整、清晰地记录。

任务实施

一、任务准备

列车控制及监控系统是用全双工传输金属线连接配备在各车上的中央局与终端局之间，与其他机器进行数据收发，对机器进行控制、监视和检查的综合性信息系统。其具备显示司机操纵列车的运行状态(运行控制功能)，显示设备的动作状态(监控功能)，显示并记录、指导处理异常发生的故障状态(异常检知功能)，控制车内、车外显示器以及自动广播、空调的动作状态(辅助机器控制功能),以及支持主要机器的自检测试和试运转的各种数据测量的功能(检查功能)等。

城市轨道交通车辆空调的启停可以通过单节车厢的显示操作屏或模式开关操作,也可以通过司机室的触摸显示屏或开关来控制整列车空调的动作,其指令通过列车的中央控制单元、终端控制单元、空调网关或者 MVB 传送给每节车空调控制柜的 PLC 或空调控制器,从而实现对整列车的空调机组进行集中控制。

(一) 空调控制器/PLC 与列车控制及监控系统接口

空调控制器/PLC 与列车控制及监控系统接口示意框图如图 4-3-1 所示。

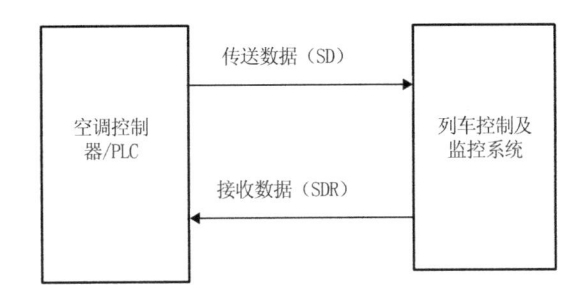

图 4-3-1 空调控制器/PLC 与列车控制及监控系统示意框图

(二) 空调控制器/PLC 与列车控制及监控系统之间信息传送

1. 传送数据的种类

空调控制器/PLC 与列车控制及监控系统之间的数据类型主要有两类:一类是空调控制器/PLC 传送给列车控制及监控系统的数据即传送数据(SD);另一类是列车控制及监控系统发送给空调控制器/PLC 的数据即接收数据(SDR)。

2. 传送的信息

(1)列车控制及监控系统发送给空调控制器/PLC 的信息。

① 日历信息。

② 列车号、车辆号。

③ 设置温度。

④ 空调运作模式信息。

(2)空调控制器/PLC 传递给列车控制及监控系统的信息。

① 空调信息:软件的版本号、新风温度、回风温度、目标温度、减载信号、紧急逆变器。

② 空调运作模式信息:关机、通风、紧急通风、自动、半冷、全冷、强制通风。

③ 机组状态信息。

④ 故障信息。

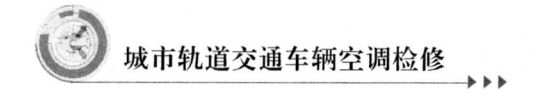

二、操作步骤

控制盘具有完备的空调机组保护系统,当机组发生故障时,空调控制器/PLC 将向列车控制及监控系统发送相关的故障信号及故障代码。

(一) 检查风机过载故障

空调机组的通风机和冷凝风机都设置了过载保护,如果风机过载保护动作后,相对应的热继电器常闭触头会断开,该风机停止运行,该机组冷凝风机、压缩机禁止启动,而另一个风机正常运行。排除故障后,手动复位,风机可再运行。

(1) 1 号机组通风机 1 过载保护动作,断开 1 号机组除通风机 2 外的其他输出。

(2) 1 号机组通风机 2 过载保护动作,断开 1 号机组除通风机 1 外的其他输出。

(3) 2 号机组通风机 1 过载保护动作,断开 2 号机组除通风机 2 外的其他输出。

(4) 2 号机组通风机 2 过载保护动作,断开 2 号机组除通风机 1 外的其他输出。

(5) 1 号机组通风机 1 和通风机 2 过载保护都动作,断开 1 号机组的所有输出。

(6) 2 号机组通风机 1 和通风机 2 过载保护都动作,断开 2 号机组的所有输出。

(7) 1 号机组冷凝风机 1 或 2 过载保护动作,断开 1 号机组的冷凝风机 1、2 和压缩机 1、2。

(8) 2 号机组冷凝风机 1 或 2 过载保护动作,断开 2 号机组的冷凝风机 1、2 和压缩机 1、2。

(二) 检查压缩机高压压力故障

空调机组的每个压缩机均设有高压压力开关,当压缩机高压压力异常时,断开相应压缩机的输出,相应的压缩机停机。若高压压力开关动作 1 min 内压力已经恢复,压缩机重新启动,若高压压力开关动作 1 min 后,压力没有恢复,则锁死故障并输出。若高压压力开关 15 min 内第二次动作,则压缩机停机,PLC 或空调控制器第二次记录高压压力故障,但不输出故障。若高压压力开关在记录第二次后 15 min 内再次动作,则系统锁死故障并输出,相应故障指示灯亮。若某次记录后 15 min 以内没有动作,则清除故障记录,重新记录。

(三) 检查压缩机低压压力故障

空调机组的每个压缩机均设有低压压力开关,当压缩机的低压压力异常时,断开相应压缩机的输出,相应压缩机停机且锁死并输出故障,相应的指示灯亮。只有断开控制回路的空气开关重新上电或处于停机状态,才能清除故障,可再次启动压缩机。

(四) 检查压缩机过载故障

每个压缩机均设有过载保护,当压缩机发生过载故障时,断开相应压缩机的输出,相应的压缩机停机且锁死并输出故障,相应的指示灯亮。断开控制回路空气开关重新上电或处于停机状态,可清除故障,再次启动压缩机。

(五) 检查接触器故障

控制盘上的每个接触器均设有反馈信号,当接触器动作后,0.5 s 以内该接触器的触点信号将反馈到空调控制装置。

如果接触器吸合后 0.5 s 内空调控制装置没有收到该接触器的反馈信号(第一次),那么接触器断开;延时 6 s,该接触器再次闭合,0.5 s 内仍然没有反馈信号输入(第二次)时则接触器断开,锁死故障,相应的指示灯亮。只有断开控制回路空气开关重新上电或处于停机状态,可清除故障,再次启动接触器。

如果在接触器断开 0.5 s 后,仍有该接触器的反馈信号,则锁死故障。只有断开控制回路空气开关重新上电或处于停机状态,可清除故障,再次启动接触器。

(六) 检查温度传感器故障

(1) 温度传感器开路、短路、温度范围高于 60 ℃或低于 −50 ℃时,均视为传感器故障。

(2) 单个新风温度传感器故障,取无故障新风传感器的值为室外空气温度。

(3) 单个回风温度传感器故障,取无故障回风传感器的值为车内温度。

(4) 两个回风温度传感器故障,强制通风。

(5) 两个新风温度传感器故障,若转换开关置于自动位,会取系统内设定的温度。

(七) 检查紧急通风逆变器故障

控制系统断开紧急通风接触器,再断开紧急通风电源允许启动信号,空调紧急通风模式停止。

(八) 检查空调控制器与 MVB 通信异常故障

当 MVB 网络异常时,系统将会执行紧急通风工况。

拓展知识

一、PLC 控制的空调控制系统

城市轨道交通车辆每节车的客室内设有一个空调控制柜。此空调控制柜控制单元采用西门子 S7-200PLC 控制,中央控制单元为 CPU224,带有两个扩展模块:数字量扩展模块 EM223 和模拟量扩展模块 EM231。EM231 热电阻模块可采集车内温度信号,通过与 PLC 内部设定温度比较后,实现通风、制冷、制热各工况。

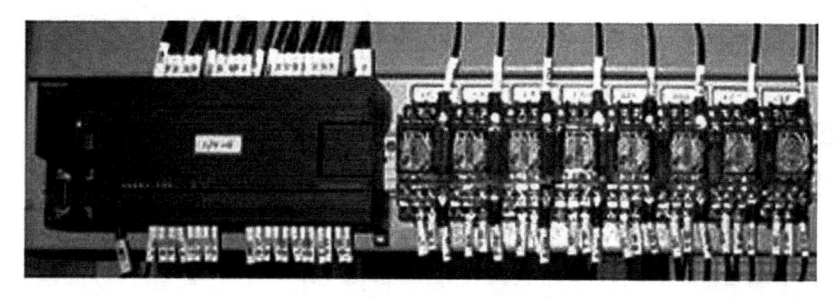

图 4-3-2　PLC 实物图

(一) PLC 功能

PLC 是可编程逻辑控制器的缩写,可对整个空调机组进行自动控制,实时监测运行过程中的参数,对出现的故障自动处理,通过显示操作屏实现人机对话,响应显示操作屏输入的命令、参数,将故障信息、运行状态通过显示操作屏显示等。

(二) 显示操作屏

显示操作屏是一种微型可编程终端,采用全中文液晶显示(带背光),具有字符类型和图像类型显示,由通信接口和 PLC 的外设接口进行通信。主要功能是控制空调机组运行工况、显示运行工况参数、实时显示各功能的运行状态及故障现象。

(三) 交、直流电源规格

(1)电路电源。主电路是向空调机组的压缩机等交流负载供电。额定工作电压:三相交流 380 V。

电压波动范围:三相交流 380±57 V。额定工作频率:50±0.5 Hz。

(2)交流控制电源。交流控制电源取主回路的 U 相作为制冷工况控制电源,向交流接触器等交流控制元件供电。额定工作电压:单相交流 220 V。电压波动范围:单相交流 220±33 V。额定工作频率:50±0.5 Hz。

(3)直流控制电源。外部提供直流 110 V,经电源模块转化成直流 24 V,向 PLC、显示操作屏、新风阀供电。输入电压范围:直流 100~127 V。额定输出电压:直流 24 V。输出电压波动范围:20.4~26.4 V。

(四) 运作模式

(1)以网络通信模式控制机组通风、制冷、制暖。

(2)如果网络未接入,可用触摸屏设定通风、弱冷、强冷、自动冷、半冷、全暖、自动暖。如果网络未接入,可用触摸屏设定通风、自动制冷、自动制暖的温度 T 值及手动制暖、制冷不受温度控制等模式。

(3)通风状态。两个机组的通风机全部运行,而且新风阀、回风阀全部打开。

(4)紧急通风状态。KM11、KM21吸合,两个机组通风机全部运行,制冷、制暖停机。

(5)手动通风。PLC不工作(将PLC的功能按钮打到Off挡位),闭合Q8,延时3 s后通风机自动启动。

(6)弱冷状态。2个机组通风机全部运行,冷凝风机全部运行,每个机组压缩机累计运行时间少的压缩机运行。

(7)强冷状态。2个机组通风机全部运行,冷凝风机全部运行,每个机组压缩机全部运行。

(8)自动状态。可以按照UIC曲线进行温度自动控制,亦可根据设定目标温度值进行温度控制。

(9)停机状态。通风机、冷凝风机、压缩机均停止运行。

(10)减载运行。减载继电器吸合,HL1(指示灯)亮红灯,仅有一台压缩机运行,每5 min自动转到另一台压缩机工作。制暖时工况为单机制暖。

(11)压缩机故障停机,自动转换另一台压缩机运行。电热故障停机,不转换。

(五)新风阀、回风阀运作模式

(1)新风阀、回风阀工作电压:DC 24 V。

(2)新风阀、回风阀的开阀或关阀时间由限位装置调定,如果不能调定,则开阀、关阀时间暂定为120 s。开阀或关阀结束后自动断电,即新风阀、回风阀不准长期带电。

(3)通风。新风阀开,回风阀开。

(4)紧急通风。新风阀开,回风阀关;风机电源AC 266 V,频率35 Hz,应急通风运作,制冷或制暖自动停机。

(5)预冷、预热。新风阀关,回风阀开。

(6)制冷、制暖。新风阀开,回风阀开。

(六)制冷运作模式

(1)外温 $T \geqslant 19$ ℃时,允许制冷。

(2)转换。每次开机累计运作时间少的压缩机先开机、后停机。运行的压缩机发生故障时,自动转换至另一台压缩机运行。

(3)压缩机不能同时开机,间隔大于10 s,压缩机运行时间应大于3 min,停机大于3 min后才能再开机。

(4)预冷。首次开机设置为自动冷且室温 T_0 大于32 ℃。当室温小于半制冷条件或预冷时间超过15 min,预冷结束。

(5)自动冷开机、停机。列控(网络)给定自动冷温度 T 值,当室温 $T_0 \geqslant T+3.5$ ℃

时,双机制冷过程为:风机运行→延时 10 s→冷凝风机运行→延时 10 s→累计运行时间少的压缩机运行→延时 10 s→另一台压缩机运行→降温,室温 $T_0 \leqslant T+2$ ℃→运作时间多的压缩机先停机→当室温 $T_0 \leqslant T$→延时 3 s→另一台压缩机停机→延时 5 s→冷凝风机停机→通风机继续运行→如果需要停通风机,延时 15 s→可以停通风机。

(6)自动冷室内升温。当温度 $T_0 \geqslant T+1.5$ ℃时,累计运行时间短的一侧制冷系统先开机运行;如果继续升温 $T_0 \geqslant T+3.5$ ℃时,另一侧制冷系统开机运行,双机制冷。

(7)如果制冷执行 UIC 曲线目标温度值即 $T_{ic}=0.25 \times (T_e-19$ ℃$)+22$ ℃。

①降温。

双机制冷温度 $\geqslant T_{ic}+3.5$ ℃

单机制冷温度 $\leqslant T_{ic}+2$ ℃

停机(不制冷)温度 $\leqslant T_{ic}$

②升温。

单机制冷温度 $\geqslant T_{ic}+1.5$ ℃

双机制冷温度 $\geqslant T_{ic}+3.5$ ℃

手动制冷不受温度控制,但当室温大于设定温度时,手动制冷停机。

(七) 制暖运作模式

(1)外温 $T \leqslant 14$ ℃,允许制暖。

(2)每次开机累计运行时间少的电热先开机后停机。

(3)预热。首次开机自动暖且室温 $T_0 \leqslant 10$ ℃。当室温 T_0 大于等于半制暖条件时或预热时间超过 30 min,预热结束,新风阀开,回风阀开。制暖发生故障时,停机不运转。

(4) 自动暖开机、停机。风机运行→当室温 $T_0 \leqslant T-3.5$ ℃时双机制暖→当室温 $T_0 \geqslant T-2$ ℃时单机制暖→当室温 $T_0 \geqslant T$ 时不制暖→延时 3 min 后→停风机。(T 值为设定的自动暖温度)

(5)自动暖室温降温,$T_0 \leqslant T-1.5$ ℃,单机制暖。如果继续降温,$T_0 \leqslant T-3.5$ ℃时,双机制暖。

(6)如果制暖执行 UIC 曲线目标温度即 $T_{ic}=0.25 \times (T_e-19$ ℃$)+22$ ℃。

①升温。

双机制暖温度 $\leqslant T_{ic}-3.5$ ℃

单机制暖温度 $\geqslant T_{ic}-2$ ℃

停机不制暖温度 $\geqslant T_{ic}$

②降温。

单机制暖温度≤T_{ic}-1.5 ℃

双机制暖温度≤T_{ic}-3.5 ℃

(7)手动制暖不受温度控制,但当室温≥设定温度时,手动制暖停机。

(八) 显示操作屏操作方法

1. 主画面

开机后首先显示主画面,如图 4-3-3 所示。

(1)"主画面"文字左侧显示现在 PLC 系统日期,右侧显示现在 PLC 系统时间。

(2)"车厢号"后显示数字(1~6)为本车厢的车厢号,由网络给定。

(3)"软件版本"后显示数字(1.01~2.03),是本系统的软件版本,在下载程序时写入。

(4)"控制模式"后显示"本地"或"网络"。显示"本地"代表此时控制系统可由本机接触屏操作运行;显示"网络"代表此时控制系统由上位机控制,此时本地操作无效,并且网络控制优先,只要网络通信正常就由网络控制。

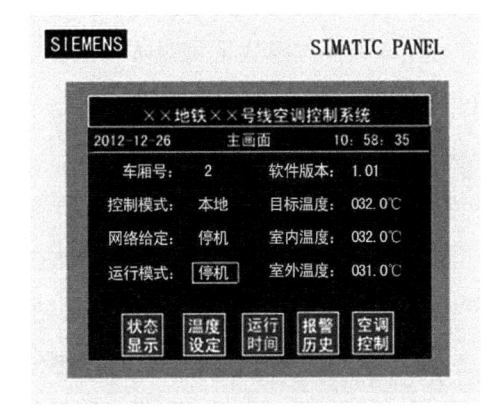

图 4-3-3 显示操作屏主画面

(5)"网络给定"后显示由上位机通过网络给定的"停机""自动暖""自动冷""半暖""全暖""弱冷""强冷""通风"八种运行指令。

(6)"运行模式"后显示"停机""半暖""全暖""弱冷""强冷""通风""应急通风"七种本机当前运行状态。

(7)"目标温度"后显示的是自动冷和自动暖指令时的目标温度,并且只有在此两种工况时起作用。其值来源详见"温度设定"画面的说明。

(8)"室内温度"后显示当前客室内的温度值。

(9)"室外温度"后显示当前客室外的温度值。

(10)当按下"状态显示"按钮后画面切换到"状态显示"画面。

(11)当按下"温度设定"按钮后画面切换到"温度设定"画面。

(12)当按下"运行时间"按钮后画面切换到"压缩机运行时间"画面。

(13)当按下"报警历史"按钮后画面切换到"报警历史"画面。

(14)当按下"空调控制"按钮后画面切换到"空调控制"画面。

2. 空调控制

空调控制画面如图4-3-4所示。

(1)在主画面中按"空调控制"按钮,画面切换至此画面。

(2)"运行模式"后显示"停机""半暖""全暖""弱冷""强冷""通风""应急通风"七种本机当前运行状态。

(3)在本地操作模式下可对本画面按钮进行操作来控制空调机组的工作模式。具体说明如下。

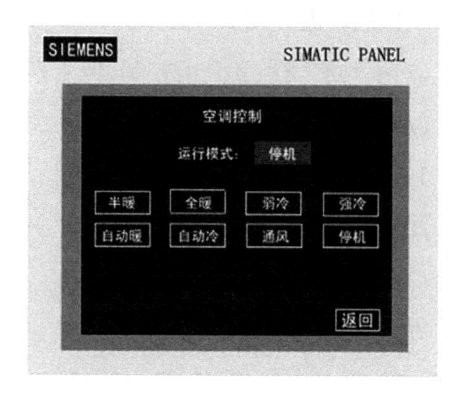

图4-3-4 显示操作屏空调控制画面

当按下"半暖"按钮时,空调机组工作在半暖工作模式。

当按下"全暖"按钮时,空调机组工作在全暖工作模式。

当按下"弱冷"按钮时,空调机组工作在弱冷工作模式。

当按下"强冷"按钮时,空调机组工作在强冷工作模式。

当按下"自动暖"按钮时,空调机组工作在自动暖工作模式。

当按下"自动冷"按钮时,空调机组工作在自动冷工作模式。

当按下"通风"按钮时,空调机组工作在通风工作模式。

当按下"停机"按钮时,空调机组停止所有的工作模式。

(4)当按下"返回"按钮后,画面切回到主画面。

3. 状态显示

状态显示画面如图4-3-5所示。

(1)在主画面中按"状态显示"按钮切换至此画面。

(2)本画面显示空调机组"通风机""冷凝风机""压缩机""电热"的运行状态,当对应空调机组的"通风机""冷凝风机""压缩机""电热"运行时,在对应位置显示"运行",否则没有显示。

(3)当按下"返回"按钮后,画面切回到主画面。

图4-3-5 显示操作屏显示画面

4．温度设定

温度设定画面如图 4-3-6 所示。

(1)在主画面中按"温度设定"按钮切换至此画面。

(2)"网络制暖目标温度"后显示的温度值是上位机通过网络给定的自动暖时的目标温度值(24~28 ℃)。

(3)"网络制冷目标温度"后显示的温度值是上位机通过网络给定的自动冷时的目标温度值(18~28 ℃)。

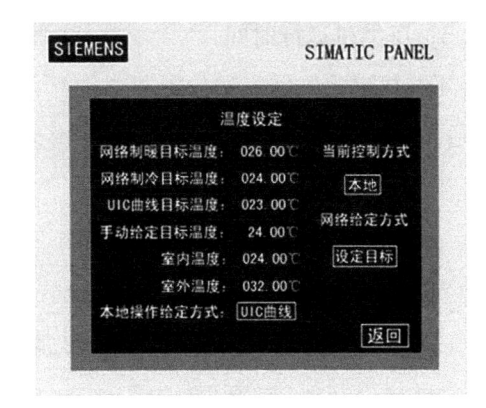

图 4-3-6　显示操作屏温度设定画面

(4)"UIC 曲线目标温度"后显示的温度值是计算机依据室外温度通过 UIC 曲线得出的自动冷和自动暖的目标温度值。

(5)"手动给定目标温度"后显示的温度值是本地操作时自动冷和自动暖的手动设定目标温度值。由操作者按下数值处会弹出键盘,然后可以进行输入。输入范围:19~28 ℃,如超出范围将不能进行正确输入。

(6)"室内温度"后显示当前客室内的温度值。

(7)"室外温度"后显示当前客室外的温度值。

(8)"当前控制方式"显示"本地"或"网络"。显示"本地"代表此时控制可由本机触摸屏操作运行。显示"网络"代表此时控制系统由上位机控制,本地操作无效,并且网络控制优先,只要网络通信正常就由网络控制。与主画面"控制模式"显示一致。

(9)"网络给定方式"显示上位机控制时给定"自动冷"和"自动暖"的目标温度值来源选择,分别为"设定目标"或"UIC 曲线"。当显示"设定目标"时,"自动冷"时目标温度为"网络制冷目标温度","自动暖"时目标温度为"网络制暖目标温度"。当显示"UIC"曲线时,"自动冷"和"自动暖"的目标温度为 UIC 曲线计算的目标温度值。

(10)"本地操作给定方式"后为一个按钮,按下后会在"手动给定"和"UIC 曲线"之间切换,通过按此按钮可以选择本地操作时"自动冷"和"自动暖"的目标温度值。当按钮显示"手动给定"时,"自动冷"和"自动暖"的目标温度值为"手动给定目标温度"所输入的温度值。当按钮显示"UIC 曲线"时,"自动冷"和"自动暖"的目标温度值为"UIC 曲线目标温度"所显示的温度值。

(11)当按下"返回"按钮时,画面切回到主画面。

5．压缩机运行时间

压缩机运行时间显示如图 4-3-7 所示。

(1)在主画面中按"运行时间"按钮切换至此画面。

(2)本画面显示两个空调机组四个压缩机的累计运行时间。

(3)当按下"电热运行时间"按钮后,画面切到"电热运行时间"画面,如图 4-3-8 所示。本画面显示两个空调机组四个电热的累计运行时间。

(4)当按下"制冷运行时间"按钮后,画面切回到"压缩机运行时间"画面。

(5)当按下"返回"按钮后,画面切回到主画面。

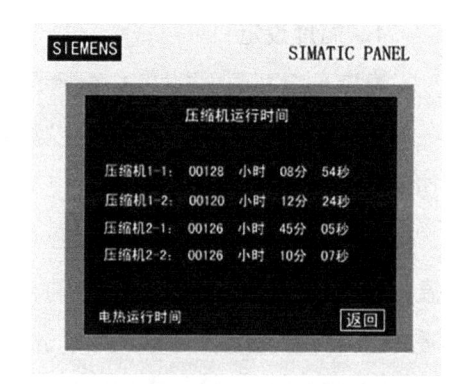

图 4-3-7　显示操作屏压缩机运行时间画面

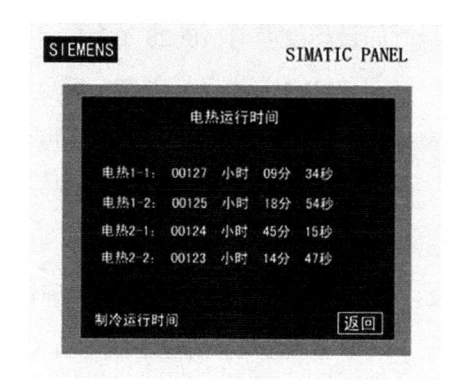

图 4-3-8　显示操作屏电热运行时间画面

6．报警历史

报警历史显示画面如图 4-3-9 所示。

(1)在主画面中按"报警历史"按钮切换至此画面。

(2)此画面显示过去产生的报警历史,显示 4 条,共存储 64 条。

(3)"序号"显示报警历史的序号,范围为 1~64,序号大的是最近发生的。

(4)"报警内容"显示报警历史的内容。

(5)"年/月/日/时/分/秒"显示报警历史的发生日期和时间。

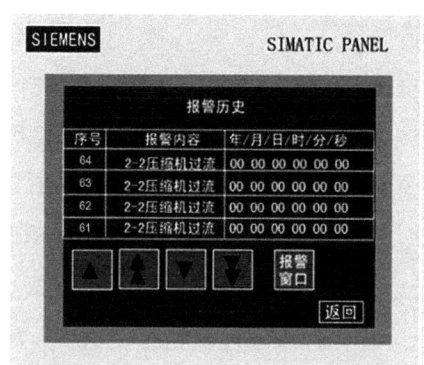

(6)按向上箭头按钮,显示的 4 条故障历史序号变小。

图 4-3-9　显示操作屏报警历史画面

(7)按向下箭头按钮,显示的 4 条故障历史序号变大。

(8)按双向上箭头按钮,显示序号为 1~4 的故障历史。

(9)按双向下箭头按钮,显示序号为 61~64 的故障历史。

(10)按"报警窗口"按钮弹出当前故障窗口。

(11)当按下"返回"按钮后,画面切回到主画面。

7．当前报警窗口

当前报警窗口如图4-3-10所示。

(1)在任意画面,当报警产生后就会自动弹出当前报警画面。

(2)当前报警窗口显示当前存在报警的产生时间和报警内容。如果超出一页范围,可以用向上箭头按钮、双向上箭头按钮、向下箭头按钮、双向下箭头按钮进行翻阅。故障消失后,画面自动关闭,故障存在时可按"X"形按钮关闭此窗口。在"报警历史"画面中的"报警窗口"按钮可以弹出此窗口。

图4-3-10 显示操作屏当前报警窗口画面

(3)右上角为报警指示器,当故障存在时会自动显示,并且显示当前故障存在数量,故障消失后自动关闭。

二、空调控制器控制的空调控制系统

空调控制器是城市轨道交通车辆空调控制系统配套控制器。通过控制空调机组内部的电气设备,如通风机、冷凝风机、压缩机、电加热器,可实现对车厢内部的温度控制,使乘客拥有一个舒适的乘车环境。

空调控制器安装在空调控制盘中,是整个空调控制的核心单元,按其设定的程序准确控制着空调系统的正常工作,完成通风、预冷、半冷、全冷、停机等各项操作。

每个控制柜上设有一个功能选择开关,有9挡:Test1,Test2,Off,Auto,19 ℃,21 ℃,23 ℃,25 ℃和27 ℃,机组设有温度传感器,可检测车厢内外的温度。同时,空调控制器采集各个接触器等节点状态,接收车辆MVB控制指令,也可以选择接收上位机PTU软件的指令进行综合逻辑运算。最后控制器将室内温度与设定温度比较之后,决定机组工作在何种工况,如通风、半冷、全冷、预冷、测试模式等,在不同工况下控制两个空调机组进行工作,实现调节车厢内部的温度,使乘客有一个舒适的乘车环境。

(一)运作模式简介及设定

(1)功能选择开关置于Auto,19 ℃,21 ℃,23 ℃,25 ℃和27 ℃中任意一挡,空调机组将进入自动工作模式,空调机组各工况的运行情况如下。

预冷:空调系统首次得电并检测到客室内有制冷需求时,启动预冷程序,空调新风阀关闭,回风阀打开。

通风:两台通风机运行。

半冷:两台通风机运行,两台冷凝风机运行,一台压缩机运行。

全冷:两台通风机运行,两台冷凝风机运行,两台压缩机运行。

(2)功能选择开关置于 Test1 或 Test2 时,空调机组处于测试工作模式。在此工作位时,分别强制空调机组 1 或空调机组 2 处于全冷运行状态 15 min 后停机。

(3)功能选择开关置于除"Off"外的任意挡位时,通过 PTU 维护软件,可使系统处于维护模式。维护模式时可对系统单个主要设备或多个设备进行控制和检测,同时可检测系统的相关运行信息,下载历史故障记录。

(4)自动模式下,系统接到紧急通风指令或 MVB 发生故障时,系统进入紧急通风模式,风机降频降压运行,新风阀全部打开,回风阀关闭,给车厢最大限度地提供新鲜空气。

(5)当系统接收到停机指令或功能选择开关处于"Off"位时,系统处于停机模式。

(6)火灾模式主要针对隧道火灾,由司机通过车辆屏发送火灾模式信号。新风阀全关,空调机组维持工作状态不变。当司机通过车辆屏取消火灾模式信号时,系统停机,需人工重新启动系统。

(二)温度设定

可通过 MVB 或控制盘上的功能选择开关设定温度。温度设定分六挡:Auto,19℃,21 ℃,23 ℃,25 ℃,27 ℃。

(1)功能选择开关 SA1 位于 Auto 挡位时,温度由温度传感器和司机室的车辆控制单元进行设定。根据 UIC533,当环境温度高于 19 ℃时,室内设定温度将按以下公式计算:

$$T_{ic}=22 \text{ ℃}+0.25(T_e-19 \text{ ℃})$$

当环境温度低于 19 ℃时,室内设定温度将维持 22 ℃,即

$$T_{ic}=22 \text{ ℃}$$

当接收到 MVB 发送的信号为 UIC 时,室内设定温度等于 UIC553 计算得出的数值。

当接收到 MVB 发送的信号为 UIC-1,UIC-2,UIC+1,UIC+2 时,室内设定温度分别等于 UIC553 计算得出的数值减 1,减 2,加 1,加 2。

(2)当功能选择开关 SA1 位于 19 ℃,21 ℃,23 ℃,25 ℃,27 ℃中任何一挡位时,那么该数值为当前的室内设定温度,两空调机组按照该设定温度工作。

（三）操作方法及工作过程

先分别闭合主回路中的空气开关,再闭合控制回路 DC 110 V 的空气开关,当接收到 MVB 的"空调允许启动命令=1"时,系统启动。表 4-3-1 为控制盘主要部件及功能。

表 4-3-1 控制盘主要部件及功能

部件	功能描述
SA1	功能选择开关
EFK1	通风机接触器－空调机组 1
EFK2	通风机接触器－空调机组 2
CFK11、CFK12	冷凝风机接触器－空调机组 1
CFK21、CFK22	冷凝风机接触器－空调机组 2
CPK11、CPK12	压缩机接触器－空调机组 1
CPK21、CPK22	压缩机接触器－空调机组 2
DM11、DM12	旁通电磁阀－空调机组 1
DM21、DM22	旁通电磁阀－空调机组 2
RY1	中间继电器
EMFK1、EMFK2	紧急通风接触器
Test1、Test2	测试模式

1.自动工作模式

此模式下由温度传感器检测到车内温度,与控制器内部设定的温度比较后,自动进行通风、半冷、全冷、预冷各工况。

由控制器检测回风温度传感器 Pt100 的温度值,取其值作为室内温度。

空调的工作状态与设定温度关系如图 4-3-11 所示。(其中 T_{ic} 为室内设定温度)。

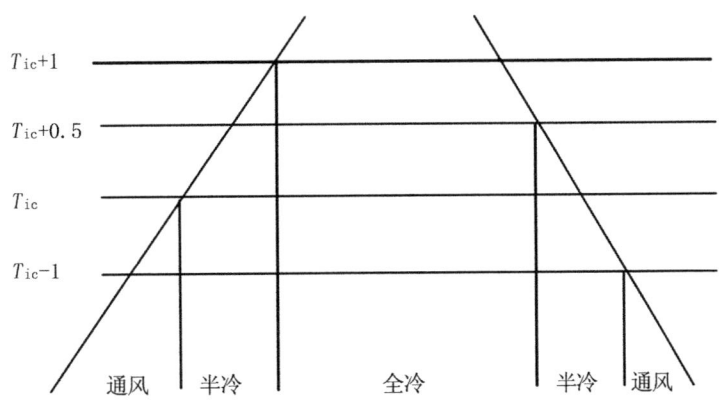

图 4-3-11 空调工作状态与设定温度关系

(1)通风。由空调控制器检测两个回风温度传感器的温度值,取其平均温度作为室内温度。系统启动时检测到室内温度小于T_{ic}时,相应指示灯亮,通风机运转,系统执行通风工作。

(2)半冷。当温度继续升高,室内温度大于T_{ic}时,则空调控制器向MVB网络发送启动信号。机组1和机组2的两台冷凝风机运转,进入半冷状态。

当温度下降到(T_{ic}−1)以下时,冷凝风机及压缩机均停止运行,仅通风机保持运转。如果温度继续回升到超过T_{ic}时,重新执行上述动作,系统进入半冷状态,如此反复。

(3)全冷。在半冷状态下,当温度继续升高,室内温度大于或等于T_{ic}+1 ℃时,空调控制器向MVB网络发送启动信号。机组1和机组2的压缩机运行,进入全冷状态。

当温度降到T_{ic}+0.5 ℃以下时,系统又进入半冷状态。

当温度重新回升到T_{ic}+1 ℃时,重新执行上述动作,系统进入全冷状态。如此反复。

(4)预冷。如果系统一开机即检测到温度大于等于T_{ic},则执行预冷状态,四台通风机均运行。启动预冷后,空调新风阀关闭,回风阀打开,当车内温度达到设定值或预冷时间达到15 min时,停止预冷进入正常工作状态。

2.紧急通风模式

当系统处于自动模式,且满足下列任意条件之一时,系统处于紧急通风模式:

(1)MVB发生故障时(仅故障车进入紧急通风模式,而非故障车仍继续正常运行)。

(2)MVB正常,且收到"紧急通风"命令。

紧急通风模式下回风阀关闭,新风阀完全打开,送风机由紧急逆变器供电工作。其他设备停止运行。

当MVB网络发生故障或MVB发送"紧急通风"命令时,中间继电器RY1动作,发送给紧急通风逆变器允许启动指令。紧急通风模式直至MVB网络发出停止紧急通风命令时停止。紧急通风结束时,回风阀打开。

3.维护模式

将模式选择开关置于除"Off"外的任意挡位,将PTU与系统的RS-232或USB通信连接,启动PTU维护软件建立通信,系统即处于维护模式,此时PTU维护软件发送的命令具有最高优先权。

维护模式时可对系统单个主要设备部件进行检测,也可以对多个设备部件同时进行检测。

4.测试模式

若SA1打到"Test1"或"Test2"挡,此两挡位为测试位,不受MVB网络控制,强制机组1或者机组2运行在全冷模式,15 min后停机。

(1)选择"Test1"位,接触器EFK1吸合,控制器面板上相应指示灯亮。延时5 s,接触器CFK11、CFK12吸合,控制器面板上相应指示灯亮。延时10 s,接触器CPK11(或CPK12)吸合,控制器面板上相应指示灯亮。压缩机CPK11的旁通电磁阀DM11动作。电磁阀DM11动作后延时30 s断开。CPK11(或CPK12)动作后延时5 s,接触器CPK12(或CPK11)吸合,控制器面板上相应指示灯亮。同时旁通电磁阀动作。电磁阀动作后延时30 s断开,15 min后停机。

(2)选择"Test2"位,接触器EFK2吸合,控制器面板上相应指示灯亮。延时5 s,接触器CFK21、CFK22吸合,控制器面板上相应指示灯亮。延时10 s,接触器CPK21(或CPK22)吸合,控制器面板上相应指示灯亮。同时相应的旁通电磁阀动作。电磁阀动作后延时30 s断开。CPK21(或CPK22)动作后延时5 s,接触器CPK22(或CPK21)吸合,控制器面板上相应指示灯亮。同时旁通电磁阀动作。电磁阀动作后延时30 s断开,15 min后停机。

5. 停机模式

满足下列任意条件之一时,系统处于停机模式:

(1)当功能选择开关处于"Off"挡时,系统忽略来自MVB的命令信号处于停机模式。

(2)当功能选择开关处于Auto,19 ℃,21 ℃,23 ℃,25 ℃,27 ℃挡时,系统接收到来自MVB的停机信号。

(3)系统处于停机模式时,空调系统停止一切动作但控制器得电。

6. 火灾模式

功能选择开关处于Auto,19 ℃,21 ℃,23 ℃,25 ℃,27 ℃中任一挡位,机组处于正常工作状态,当通过上位机模拟MVB发送"火灾模式"信号,空调机组保持原工作状态不变,新风阀全部关闭。当通过上位机模拟MVB取消"火灾模式"信号,空调机组停机,需重新启动机组。

7. 风阀状态

系统首次上电时新风阀和回风阀全部关闭,再依据系统所处状态打开至指定位置,以防止控制系统突然断电。

(1)通风状态:新风阀全开,回风阀全开。

(2)制冷状态:新风阀全开,回风阀全开。

(3)紧急通风状态:新风阀全开,回风阀全关。

(4)预冷状态:新风阀全关,回风阀全开。

(5)火灾模式:新风阀全关,回风阀保持原状态。

任务评价

表4-3-2 评价表

评价内容		评价标准	分值	学生自评	教师评价
理论评价	列车监控系统的作用、组成	是否能描述列车监控系统的作用、组成	15分		
	列车控制系统的通信相关知识	是否能描述列车控制系统对车辆空调控制的通信方式及控制方式	20分		
技能评价	车辆空调控制器显示故障	(1)是否能正确按照检修流程进行检修 (2)是否能排除车辆空调控制器显示故障	25分		
	车辆空调控制器电气故障	(1)是否能正确按照检修流程进行检修 (2)是否能排除车辆空调控制器电气故障	25分		
情感评价	学习态度	(1)是否能积极思考,回答问题,与教师进行互动 (2)是否有充分的课前准备,教材及学习用品是否齐备	5分		
	操作规范	操作是否规范	5分		
	团队协作(在任务中请教他人或帮助他人)	是否具有团队协作精神	5分		
总分			100分		
学习体会:					

课后练习

(1) 空调控制器/PLC 与列车控制及监控系统之间传送数据的种类有哪些？

(2) 举例说明常见的接触器故障。

(3) 举例说明常见的风机过载故障。

(4) 简述空调控制盘主要部件及功能。

(5) 简述空调控制装置的保养和显示故障的诊断方法。

项目五　城市轨道交通车辆空调装置常见故障检修

项目描述

城市轨道交通车辆空调装置的故障分析与检修，是车辆检修人员所从事的日常工作之一，由于车辆空调技术涉及制冷、电气控制、机械等多个应用领域，所以出现故障的情况比较复杂，对其故障的判断，不能单从某个方面去分析，而要综合考虑各种因素，根据检修流程，结合具体情况，对空调装置的故障做到准确判断，快速处理。

学习目标

目标类型	目标要求
知识目标	(1)知道城市轨道交通车辆空调装置故障类型
	(2)知道城市轨道交通车辆空调系统故障判断的基本流程
技能目标	(1)能按照一看、二听、三摸、四测、五析的操作步骤进行故障检查
	(2)会写出故障检查小结
情感目标	(1)能进行团队协作
	(2)积极参与学习过程,遵守秩序,服从安排

学习准备

(1)教学场地:在互联网多媒体教室及车辆电气实训室中进行,课后可实地参观。

(2)设备要求:至少具有能连接互联网的多媒体教室一个,要有能播放视频、投影的设备。

(3)准备笔记本、签字笔等学习用具。

(4)利用网络查询城市轨道交通车辆空调维护与检修相关信息。

(5)进入实训场地应着工作服、运动鞋。

任务一　空调机组的故障检查

任务目标

能判断单元式空调机组的工作状态,能通过客室降温、通风情况,控制设备的工作状态和显示情况等进行分析,同时做好空调机组的日常维护,按照一看、二听、三摸、四测、五析的操作步骤进行故障检查。

任务分析

本任务可以分三个阶段进行学习,首先会描述五步法的流程和要点,其次在教师指导下对车辆空调的典型故障现象进行实践检查,最后能独立检查、判断车辆空调机组的常见典型故障。特别要注意检查故障的流程应正确,检查的现象与参数要完整、清晰地记录。

任务实施

一、任务准备

警告！工作中必须注意人身及设备的安全。要遵守安全操作规程,不得随意触动带电部分,要尽可能切断主电路电源,只在控制电路不带电的情况下进行检查。以免故障扩大,并应预先充分估计到局部线路动作后可能发生的其他问题。

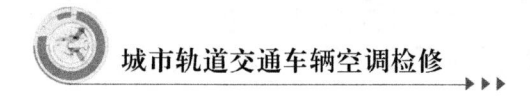

(一)空调机组的工作情况检查

空调机组的工作由微机进行控制。通过微机调节器可控制室温,空调系统中新风口、风道和客室座位下均设有温度传感器,由温度传感器测得的温度值传递到调节器中进行处理。每节车有一台微机调节器,它控制两个空调单元,可由司机室集中控制或每节车单独控制。

1.运转前的检查

在启动空调机组之前,必须对下列各项进行检查,在确认各部分状态良好后,方可开始启动。

(1)配线用电气连接器已接好。

(2)电气回路正常。

(3)主回路及控制回路的绝缘电阻均正常。

(4)各风机的叶轮不会碰风筒的内壁。

(5)没有逆相连接。

2.运转确认

(1) 离心风机。首先确认车内是否有风吹出,风量极小时,应检查风机是否反转。如果反转,将电源相序调整正确,即将三相中的任意两相对调,再确认是否有异常震动和异常噪声。

(2) 送风均匀性的调整。可通过对车内出风口导风板的调整,保证客室内送风均匀。

(3) 轴流风机。确认室外轴流风机的运转是否正常。

(4) 制冷。全制冷状态时,吸入和吹出的空气温差为 8~10 ℃时为正常,确认是否有异常震动、异常噪声。

(5) 加热。全加热状态时,吸入和吹出的空气温差为 7~9 ℃时为正常,同时注意电流读数。

(6) 当处于 20 ℃以下的低温运转时,可能由于在蒸发器上引起结霜现象对压缩机造成损伤,应避免在这样的条件下运转。

(7) 再启动。短时间再启动,启动电流会造成电动机绝缘不良、电磁接触器的接点损耗,所以再启动一定要在停机 2~3 min 以后。

3. 操作空调机组

此工作需由懂得制冷技术和电气技术的工人承担。开机前,必须认真检查电气系统的安全性,严格按照电工操作规则进行操作。在进行电气控制柜的检修时,必须切断电源,严禁带电作业。

保护措施:电源有过电压和欠电压保护。压缩机有空气开关、压力开关、过电流、低温、延时启动等保护。风机有热继电器保护。电加热器有空气开关、温度继电器及温度熔断器保护。

4.使用电加热器

通电前的检查:检查电加热回路中各处接线是否完好。检查温度继电器、温度熔断器及其他保护装置是否正常。检查通风机的接触器、热继电器是否良好。将电热管上及其周围的附着物及其他杂物清理干净。

开机顺序:先开通风机,确认通风机工作后,方可开电加热器运转。

开机后的检查:检查通风机工作是否正常。注意观察电加热器的工作情况及工作电流。

关机顺序:先关电加热器,让通风机继续运转 3 min 以上方可关通风机。

5.空调装置运行检查

空调装置运行情况检查,可以根据机组正常工作的特点进行判断,机组正常工作的特点如项目二任务三所述。

(二)空调机组的常见故障判断

空调装置出现故障,会产生冷气不足、没有冷气、突然停机、机组开不动、听到碰撞声、强烈震动等表面现象,这些现象只能说明空调装置发生了故障或是故障的预兆,并不一定能立即判断出其故障发生在哪里,是什么故障,只有经过详细分析和检查,才能找出发生故障的部位,并排除故障。

空调装置的故障检查要靠人的一些感觉来获得第一手资料,如人的视觉、听觉、触觉,以至嗅觉,然后把这些感觉综合起来,经思维分析,有时还需要用仪表做进一步测量检查,最后才能判断故障。

1.故障查找与判断

空调装置由电气系统、制冷系统、通风系统、新风预热系统等组成。当空调装置发生故障时,从其表面反映出的故障现象,可以大致判别出其故障发生在哪一个系统。从一般规律看,其区别如下。

(1)空调机组突然停机、开不动或压缩机不启动,这多数是电气系统中的故障,也可能是制冷系统或通风系统引起的故障,因它是从电气控制系统中反映出来的,应从电气控制系统入手检查。

(2)空调装置无冷气、冷气不足或电机拖不动,这是与制冷系统有关的问题,应检查制冷系统。

(3)空调机组有碰撞声或强烈震动声,这是从运动件中发生的声音,可能在通风系统,也可能在制冷系统中,应从这两个系统中去检查。

下面重点以电气故障为例,介绍故障的检查和分析方法。

2.电气故障一般检查和分析方法

(1)故障分类。

一类是有明显的外表特征并容易被发现的。如电机的绕组过热、冒烟,甚至发出焦臭味或火花等,在排除这类故障时,除了更换损坏的电机之外,还必须找出和排除造成上述故障的因素。

另一类故障是没有外表特征的。例如,在控制电路中由于元件调整不当、动作失灵或零件损坏及导线断开等原因引起的故障。这类故障在空调机组电路中经常碰到,由于没有外表的特征,常需要用较多的时间去寻找故障的原因,还需运用各类测量仪表和工具才能找出故障点,方能进行调整和修复。因此,找出故障点是空调机组电气设备检修工作中的一个重要步骤。

(2)检修前的检查。

看:看电气元件有无变色、烧毁、松脱、裂损、断线及其他情况。

听:听电机和电气元件在发生故障时和正常运行时的声音差异,可以帮助寻找故障部位。

嗅:电机和电磁线圈等发生故障时,绝缘体会发出异常气味。

摸:摸电机和电磁线圈外部不导电部分的温度。发生故障时,温度会显著上升,可切断电源用手去摸一摸。

(3)电气设备发生故障后的检查方法和分析方法。

根据电气控制线路分析检查故障范围。

确定故障发生的范围。根据故障现象,按线路工作原理进行分析,便可判断故障发生的可能范围,以便进一步分析,找出故障发生的确切部位。

进行外表检查。在判断了故障发生的可能范围后,在此范围内对有关电气元件进行外表检查,常能发现故障的确切部位。例如:接线脱落、触头接触不良或未焊牢、弹簧断裂或脱落以及线圈烧坏等,都能明显地表明故障点。

试验控制电路的动作顺序。经外表检查未发现故障点时,可进一步检查电气元件动作情况,如操作开关等,查看线路中各继电器、接触器相关触头是否按规定顺序动作。若不符合规定者,则说明与此电器有关的电路存在问题,再在此电路中进行逐项分析和检查,一般便可发现故障。

利用仪表器材来检查。利用万用表的电阻挡检测电气元件;用万用表的电压、电流挡来检测线路的电压、电流值是否正常,三相是否平衡,能有效地找出故障原因。有时也可用试电笔等来检查线路故障。可以用完好的电气元件替换可疑的电气元件的方法找出故障元件。可采用局部输入信号的方法,来寻找机组控制线路中的故障点。

测量压缩机电机工作电流。空调机组的输入功率是电流、电压与功率因数的乘积。只要电压正常,电机的功率因数是定值,则在一定程度上电流能表示电机输入功率变化情况。若空调机组是在接近标准规定的空调工况下运行,其工作电流接近额定电流,说明其制冷量能够达到额定制冷量。如工作电流低于产品的额定电流,则其输入功率低,说明其制冷量小于额定制冷量。若测出电流高于额定电流,这不说明其制冷量高于额定制冷量,只能说明空调机组有故障,应检查原因。因此工作电流偏离额定电流说明机组有问题,一是制冷量不足,二是机组有故障。

总之,检查分析电气故障的一般顺序和方法,应按不同的故障情况灵活掌握,力求迅速有效地找出故障点,判明故障原因,及时排除故障。

二、操作步骤

以城市轨道交通车辆空调实训装置为对象,按一看、二听、三摸、四测、五析的步骤对空调机组进行故障分析和检查。

(一) 眼看

(1)看空调控制柜界面显示状况是否正常。

(2)看室内的降温速度。如降温速度出现显著降低,则是不正常现象。

(3)看压缩机内的润滑油是否处在指示器所规定的高度范围内,如发现油面有显著下降,则是缺油的表现。

(4)看蒸发器和吸气管的结霜或结露情况。正常的吸气管应有结霜或结露的现象。如无结霜、结露或结霜、结露管段很短且机壳较热,说明制冷剂偏少;如压缩机吸气管及机壳外表大部分结霜、结露,则为制冷剂偏多。

(5)看管道及接口处是否有油迹,如有则可能出现制冷剂泄漏。

(6)看连接部位是否松脱,各电气接线有无断开。

(二) 耳听

(1)听压缩机运行的声音是否正常。小型全封闭式压缩机正常运转时的噪声很小,一般小于 40 dB。如压缩机出现异常,检修人员可以根据其发出的声音辨别是何种原因引起的故障。

(2)听制冷管路内制冷剂的流动声音是否正常。正常时可以听到制冷剂在管内流动时发出均匀而轻微的"咝咝"声。反常的则是连续而较响的"咝咝"声,或断续而较响的"咝咝"声。

(3)听风机运动的声音。正常时声音平稳无碰撞声,否则应检查风叶的固定状况和电机轴承的摩擦情况。

(三) 手摸

(1)摸过滤器表面的冷热程度。正常时单级制冷压缩机的过滤器表面温度稍高于环境温度。如手摸时明显感觉比较凉或过滤器末端出现结露现象,则为过滤器出现局部堵塞。

(2)摸制冷装置的吸排气温度。正常开机运行一段时间后,用手摸吸气管感觉冰凉,并伴有结霜或结露现象;排气管很热,夏季手摸时感觉烫手,冬季手可触摸,感觉很热;否则为不正常。

(3)摸电机的温升和抖动情况。如电机外壳手感微热,可视为正常;如电机温升过高且伴有电流增大或抖动现象,说明风机的轴承或风叶的平衡性有问题,应停机检查。

(四) 测量

为了准确判断故障的性质与部位,常常要用仪器、仪表检查测量空调器的性能参数状态。如用检漏仪检查有无制冷剂泄漏;用万用表检测电源电压、各接线端对地电流及运转电流是否符合要求,测量各空调控制盘控制点的电位是否正常等。

(五) 分析

经过上述几种检查手段所获得的结果,大多只能反映某种局部状态。空调装置各部分之间是彼此联系、互相影响的,一种故障现象可能有多种原因,而一种原因也可能产生多种故障。因此,对局部因素要进行综合比较分析,从而全面准确地判定故障的性质与部位。

拓展知识

在实际工作中,每次排除故障后,应及时总结经验,并做好维修记录,见表5-1-1。记录的内容可包括:车辆编号、机组的编号、故障发生的日期、故障的现象、故障的部位、修复措施及原因分析、修复后运行情况等,作为档案以备日后维修时参考,并通过对历次故障的分析和总结,采取有效措施,防止类似事故的再发生。

表 5-1-1 维修报告

车辆编号		机组的编号		故障发生的日期	
故障的现象					
故障的部位					
修复措施及原因分析					
修复后运行情况					
维修人(签字)					

任务评价

表 5-1-2 评价表

	评价内容	评价标准	分值	学生自评	教师评价
理论评价	空调机组的正常工作状态认知	(1)是否能描述操作空调机组的方法 (2)是否能写出空调机组的正常状态	20分		
	空调机组的常见故障判断认知	(1)是否会写出故障查找与判断方法 (2)是否会写出电气故障一般检查和分析方法	20分		
技能评价	五步法的正确使用	是否能按照五步法的要求进行故障检查	20分		
	考核2个典型故障的检修流程	是否会检修完成2个典型故障	25分		

续表

评价内容		评价标准	分值	学生自评	教师评价
情感评价	学习态度	(1)是否能积极思考,回答问题,与教师进行互动 (2)是否有充分的课前准备,教材及学习用品是否齐备	5分		
	操作规范	操作是否规范	5分		
	团队协作（在任务中请教他人或帮助他人）	是否具有团队协作精神	5分		
总分			100分		
学习体会：					

课后练习

(1)简述空调机组的正常工作状态。

(2)空调机组常用检查方法有哪些？请简单说明。

(3)以空调机组不能启动为例进行检修,试填写维修报告。

任务二　空调装置常见故障维修

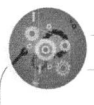

任务目标

通过空调装置典型故障案例的学习，知道常见故障的检查、判断、维修方法。具备城市轨道交通车辆空调装置的常见故障检修操作技能。

任务分析

本任务以城市轨道交通车辆空调装置在运行过程中的实际故障案例为主线，在学习理论知识的同时，综合运用所学技能，对空调装置常见故障进行维修。实施任务时要特别注意安全要求和规范，一般以学习小组为单位实施。

任务实施

一、任务准备

对整个空调机组来说，其故障总是从最典型的表面现象表现出来，一般不可能直接发现空调机组内部的实际故障。因此，检查和分析故障也只有从直观的故障现象入手，再按空调机组控制和运行规律，逐层深入地进行有关系统内部的检查。鉴于各系统的故障是互相牵连的,需要综合分析,下面按照空调机组常见故障以维修案例形式进行学习。

(一) 空调机组不运转检修

(1)场景再现:2015年7月10日,某地铁车辆准备出库时突然发现空调机组无法运转。

(2)原因分析:这类故障一般发生在供电电源线路与控制线路上。

(3)维修过程:首先检查电源部分。用电压表测量空调机组控制柜电力输入端子的三相电压,有电压。查电源电压未低于额定值15%,欠压继电器未动作。查电源电压是否过高,测量输入相电压230 V,过压继电器未动作。检查电源是否缺相供电,查交流电配电柜的缺相保护器开路,经检查为缺相保护器误动作,将缺相保护器复位后空调机组运行正常。维修时间5 min,未影响列车运行任务。

(4)小结:该故障主要采用了测的方法,用电压表检测关键点电压,由大到小逐层检查,快速排除故障。

(二) 通风机运转而不制冷检修

(1)场景再现:2015年6月2日,某地铁060302车运行中突然发生空调不制冷故障。因当日气温不太高,故列车执行完该次任务后,返回车辆段维修。

(2)原因分析:这类故障可能是控制线路本身的故障,也可能是制冷系统的故障,这些故障会引起有关保护器的起跳,切断电源。故障现象虽然反映在电气控制上,但故障可能发生在两个系统上。

(3)维修过程:首先检查电气控制部分。查温度控制器,调节正常;查压缩机接线,正常;查冷凝风机和压缩机交流接触器线路,正常;测量压力开关,其接线端子导通;测量过载保护器进出接线端子,导通。故障不在电气控制部分。

查制冷系统部分。测量冷凝风机电机绝缘电阻值和线圈电阻值,发现线圈已开路。更换电机,空调机组恢复正常。

(4)小结:该故障主要检查电气控制部分和制冷部分,涉及面较广,主要通过用万用表检测关键点电阻来进行故障判断,而冷凝风机电机一般情况下很少出现故障,所以最后才怀疑其有问题,更换后排除故障。

(三) 压缩机不启动检修

(1)场景再现:2015年9月6日,某地铁车辆在进行周检时发现020026车空调开机后通风机、冷凝风机运转,而压缩机不运转,且电机发出"嗡嗡"的电磁声。

(2)原因分析:这是压缩机不启动或电机做极慢速度的运转,时间稍长一点,过载保护器就会起跳并切断电源,这类故障主要出在压缩机内,但也有可能是电气控制系统故障。

(3)维修过程:首先检查电源及电气控制部分。查电源供电正常,压缩机输入电压正常,无缺相。更换压缩机后,恢复正常。将换下的压缩机拆开后,发现因气阀损坏,阀板破碎零件落进气缸,使活塞不能回转,曲轴转不动,电机发出"嗡嗡"声,清除阀板破碎零件后,装好压缩机,通电试机正常。

(4)小结:该故障主要检查电气控制部分和压缩机部分,在判断压缩机供电正常的情况下,可以采用替换法进行压缩机替换。同时,故障压缩机在条件允许的情况下要分解检修,检查压缩机损坏具体原因,通常情况下都能够修复。

(四)空调机组运转中突然压缩机停机检修

(1)场景再现:2015 年 8 月 11 日,某轻轨车辆在运行中空调机组压缩机突然停机。

(2)原因分析:压缩机突然停机,除电源电路中断外,吸气压力过低、排气压力过高等都可能导致保护继电器动作,使压缩机停机。

(3)维修过程:首先查空调机组供电电压正常,无缺相情况。查低压压力继电器未动作,高压压力继电器动作,判断为制冷系统故障。查看冷凝器表面清洁,无明显污垢,排风量正常。判断为制冷管路故障。查看制冷管路,发现在冷凝器接头处有少量油迹,判断为管路渗漏,造成制冷系统内有了空气,使排气压力升高,吸气压力也相应提高,从而造成高压压力继电器动作。修补好泄漏点,重新抽真空,灌注适量制冷剂后封好工艺管,将高压压力继电器复位,试机正常。

(4)小结:该故障主要检查电气控制部分和制冷系统部分,电气控制部分表现在高压压力继电器动作,由此判断为制冷系统故障。最后检查为管路渗漏,这也是空调装置比较容易发生的故障。

二、操作步骤

(一)客室空调机组的更换

⚠ 切断接触网和车辆的电源。

必要条件:禁止接通电源。允许开通气路。

标准工具:必需的标准工具,适当的起重设备,桥式起重机(起重能力 2 000 kg)。

专用工具:额定断裂力量为 2 000 kg 的吊索。参考:由两条100%尼龙带组成,6 mm 粗。

备件：空调机组，Tc 车"A"；空调机组，M 车"C"；空调机组，Mp 车"B1"或"B2"；泡沫密封胶。

1.注意事项

在拆卸或安装到车辆上时，空调机组应该仔细地搬运。

必须注意所有必要的警告以避免损坏机组的油漆或其他部件。

空调系统是安装在车顶的凹陷处。这种设计使得拆卸和更换空调机组的工作简单。

拆卸一个空调机组，在原则上，只要电源和信号电缆以及供风系统与车体断开，空调机组就可以用合适的吊索从车顶的凹陷中吊出。空调机组带有挂吊索的吊耳。

2.拆卸

(1)断开车辆电源。

(2)断开车辆和空调机组之间的电气连接器。断开接地线连接。

(3)从空调机组断开空气供给。

(4)为了找到排水管，按要求拆除必要的天花板。

(5)松开卡具，断开排水管。

(6)找到并拆除连接送风风道和空调机组之间的螺栓、螺母和垫片。

(7)找到并拆除空调机组与车顶之间连接的螺栓、螺母和垫片。

(8)将起重机与吊索连接好。

(9)将四个吊索分别与空调机组的四个吊耳连接。

(10)小心地提升起重机，使吊索绷紧。观察空调机组是否有松脱或有什么部分会对起吊造成阻碍。

(11)将空调机组提升 100 mm。确认没有电线或管道与空调机组连接。

(12)小心地提升空调机组，防止机组猛烈地移动和摆动并将空调机组放置在合适的支撑装置上。确认空调机组在构架外壳的最大受力面上得到支撑，即在外壳的横梁下。

(13)断开起重机与吊索。

(14)如果有必要的话，除去空调机组与车顶之间的垫片。

3.安装

(1)检查电源已经断开。

(2)清洁空调机组安装区域。

(3)检查并安装空调机组与车顶之间带胶海绵橡胶。

(4)将吊索与空调机组的吊耳相连接。

(5)将空调机组小心地吊起，防止机组有剧烈地移动和震动，将空调机组移至车顶安装位上方。

(6)确定在空调机组安装进车顶安装位时,没有连接器、电线或水管被空调机组压住。

(7)缓慢地将空调机组放进车顶的安装位中,确认其位置正确。

(8)安装紧固螺栓、垫片和螺母,将空调机组固定在车顶上。

(9)安装软风道与空调机组连接处的螺栓、垫片和螺母。

(10)连接空调机组的电气连接器和地线。

(11)连接送风风道。

(12)连接排水管并将排水管紧固。

(13)安装天花板。

(14)连接车辆的电源。

(15)试验空调机组。

(二)冷凝器的更换

⚠ 切断接触网和车辆的电源。

必要条件:禁止接通电源。允许开通气路。

标准工具:焊接工具和焊接材料,胀管器,钳子,截管器。

专用工具:制冷剂 R-407C 回收和添加机。真空泵。

备件:冷凝器。

易耗品:清洁剂。

1.拆卸

(1)打开冷凝腔盖。

(2)从系统中抽出所有的制冷剂。

(3)通过排气阀排放系统中剩余的压力。

(4)断开冷凝器入口和出口处的连接。

(5)支撑冷凝器并松开六角头安装螺栓。

(6)从空调机组中移出冷凝器进行必要维修。

(7)使用清洁剂清洗蒸发器外部。

2.安装

(1)清洁冷凝器安装座。

(2)将冷凝器安装在空调机组内。

(3)冷凝器出入口位置符合管路排列和铜焊连接的要求。

(4)检漏。

(5)抽空并干燥制冷循环系统。

(6)充注制冷剂。

(7)恢复系统。

(8)盖上冷凝腔盖。

(三) 压缩机的更换

(1)更换前应确定压缩机已损坏,因压缩机价格昂贵,请一定要谨慎从事。

(2)已确定压缩机损坏后,首先释放制冷系统内制冷剂。

> ⚠ 制冷剂释放时,只能将制冷系统工艺管割开小口。不可用焊枪烧开系统管路接头,因系统内部高压,用焊枪操作会发生危险。

(3)确定制冷剂释放完毕,将压缩机固定螺母松开取下,拆下压缩机电源线,并记录电源线相序。用焊枪烧开与压缩机吸排气管相连的系统管路焊口,并使之分离,待管路温度下降后,取下压缩机,换上新压缩机,将制冷系统管路与压缩机吸排气管对接,焊接时可在系统内充注微量氮气进行保护,然后进行制冷剂充注操作。更换压缩机时,如更换时间较长,请封住空调制冷系统管口,以防止空气中的潮气进入制冷系统。

> ⚠ (1)不可过早将新压缩机的封口取下,以防止空气中的潮气进入。
> (2)压缩机电源线恢复时注意相序,并将螺钉固定牢固。
> (3)通电运转前,必须检查压缩机电源线相序,严禁涡旋式压缩机的反向运转。

在压缩机反向运转时,空调机组是不制冷的(反向对涡旋压缩机及系统无危害)。判断压缩机反向的方法有:

①可通过压缩机吸排气压力来判断,当压缩机反转时,吸气压力不会下降,排气压力不会上升。或通过触摸压缩机吸排气管壁温度来判断,当压缩机反转时,吸气管不凉,排气管不烫。

②当压缩机反转时压缩机噪声较正常运转时大许多,很明显。
③当压缩机反转时,压缩机电流小于额定值,一般为额定值的 45%左右。
④当无法判断是系统缺制冷剂还是压缩机反转时,首先判断压缩机是否反转。

(四) 风机的更换

1.风机的更换

考虑现场使用具体情况,当风机出现故障时,可更换整个风机,以节省维修时间,更换下来的风机在地面修理站修好后作为备品备件。具体操作比较简单,只需将电源线拆下,将固定螺丝松下,即可更换。注意电源线恢复时按原相序恢复。

2.更换风机轴承

(1) 如果风机运转时轴承发出尖锐的噪声,一般就表示缺润滑油。如果出现明显的异常噪声,则表示球轴承发生故障或出轨。在这两种情况下,或轴承松动,必须拆下进行检查,并润滑。

(2)打开电机盖,拆出电机转子。

(3)根据下列步骤拆下轴承。(参见图 5-2-1 轴承的拆卸和组装图)

①使用适当的拔轮器卡住轴承内圈,将轴承缓慢拆卸下来。拆卸后,取下轴承的保护板和垫片。

②使用甲苯和工业酒精(2:1)的混合液清洗轴承,或使用加热油。

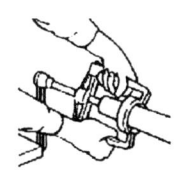

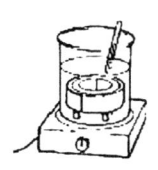

图 5-2-1 轴承的拆卸和组装图

(4)安装。

清洗完毕后,测量轴承的内径及轴承内外圈的间隙、旋转时的状态。如果轴承状态良好,将 K3N 润滑油涂抹在其两侧,然后装上保护板和垫片。

轴承安装的程序如下:

撕下新轴承外表面和内圈的防锈膜,确保其所有表面均干净。把润滑油涂抹在轴承轴上。可使用木锤轻击轴承内圈,或用铜棒垫在轴承上,缓缓将轴承固定在电机轴的轴径。不可直接锤击轴承!如果安装轴承十分困难,可将轴承放在油槽中加热到高出室温 70 ℃,但是不应超过 120 ℃。不要用火直接加热轴承。

(5)关上盖板。

(五) 冷凝风机的更换

必要条件:禁止接通电源,允许开通气路。切断接触网和车辆的电源。

标准工具:螺丝刀等必需的标准工具。

备件:冷凝风机1台,冷凝风扇1个。

1.移除

(1)切断空调机组与车辆间的电气连接。

(2)断开空调机组与车辆的电源。

(3)打开相应的冷凝盖,找到要被更换的冷凝风机。

(4)拆除紧固风机的螺栓。

(5)拆除风扇。

(6)松开和拆除轴流电机风扇叶片的螺栓。

(7)拆除轴流电机风扇叶片。

(8)松开风机电机接线盒盖上的紧固螺丝。

(9)断开电线,记录电线相序。

(10)拆除电机接地连接螺栓。

(11)松开和拆除电机支架上的螺栓。

(12)从支架上吊起并移除冷凝风机。

2.安装

(1)清洁风机安装座。

(2)将风机吊起放在支架上。

(3)安装并紧固风机与支架连接的螺栓。

(4)安装和紧固电机接地连接的螺栓。

(5)连接电气连线到正确的端子上并用螺栓拧紧(按照电气连接线示意图)。

(6)安装接线盒盖并进行紧固。

(7)将风扇安装在轴流电机上。

(8)安装和紧固风扇和电机的螺栓。

(9)安装风机。

(10)安装和紧固风机与机组构架的螺栓。

(11)盖上冷凝风机盖,并紧固相应螺栓。

(12)试运行空调机组,确定运行良好。

(六) 蒸发风机的更换

必要条件:禁止接通电源。允许开通气路。

标准工具:螺丝刀等必需的标准工具。

备件:蒸发电机。离心式蒸发风机。

1.移除

(1)切断空调机组与车辆间的电气连接。

(2)断开空调机组与车辆的电源。

(3)打开相应的蒸发盖,找到要被更换的蒸发风机。

(4)松开和拆除紧固蒸发风机的螺栓。

(5)松开和拆除风机与电机间的螺栓。

(6)拆下风机。

(7)松开风机电机接线盒盖上的紧固螺丝。

(8)断开电线,记录电线相序。

(9)拆除电机接地连接螺栓。

(10)松开和拆除蒸发风机的固定螺栓。

(11)松开和拆除电机支架上的螺栓。

(12)拆除电机和电机垫片。

2.安装

(1)清洁风机安装座。

(2)将风机吊起放在支架上。

(3)安装并紧固风机与支架连接的螺栓。

(4)安装和紧固电机接地连接的螺栓。

(5)连接电气连线到正确的端子上并用螺栓拧紧(按照电气连接线示意图)。

(6)安装接线盒盖并进行紧固。

(7)安装蒸发风机。

(8)安装和紧固风扇和构架的接地螺栓。

(9)安装电机。

(10)安装和紧固风机与机组构架的螺栓。

(11)安装风机盖子。

(12)安装和紧固风机盖子的螺栓。

(13)盖上蒸发腔盖。

(14)空调机组试运行。

(七) 更换空气压力开关

必要条件:禁止接通电源。允许开通气路。

标准工具:螺丝刀等必需的标准工具。

备件:空气压力开关1个。

1.移除

(1)断开车辆的电源。

(2)拆除空气压力开关安装处盖板。

(3)确定空气压力开关的位置。

(4)拆除开关的管路连接。

(5)拆除开关的电气盖板。

(6)断开电气连接,记录电线相序。

(7)松开和拆除开关与构架的固定螺栓。

(8)拆除空气压力开关。

2.安装

(1)清洁空气压力开关安装座。

(2)将空气压力开关放置在其支架上。

(3)安装并紧固空气压力开关与构架的螺栓。

(4)连接管路。

(5)电气连接并紧固接线端螺栓(参照电气连接线示意图)。

(6)盖上盖板。

(7)空调机组试运行。

(八) 更换紧急逆变器

必要条件:禁止接通电源。允许开通气路。

标准工具:螺丝刀等必需的标准工具。

备件:紧急逆变器1个。

1.移除

(1)断开车辆电源。

(2)打开门锁,开门。

(3)找到要移除的紧急逆变器。

(4)松开并移除固定紧急逆变器的6个螺栓。

(5)抓紧并将紧急逆变器从其位置拉出。

(6)将连接电线断开。

(7)移除紧急逆变器。

2.安装

(1)清洁安装区域。

(2)将紧急逆变器放到规定位置。

(3)安装和连接电线。

(4)固定6个紧固螺栓和垫片。

(5)连接车辆电源。

(6)关上门和锁。

(7)空调机组试运行。

(九) 更换继电器

必要条件:禁止接通电源。允许开通气路。

标准工具:螺丝刀等必需的标准工具。

备件:继电器C7-A20D110VCD 5500,中间继电器S7-MP,热继电器RE1-LA001,继电器C7T 21D110VCC 5530。

1.移除

(1)断开控制盘的电源。

(2)开锁,开门。

(3)找到要更换的继电器。

(4)断开继电器的连线。

(5)松开卡子或固定螺钉。

(6)移除继电器。

2.安装

(1)安装新的继电器在其正确位置。

(2)安装卡子或固定螺钉。

(3)连接继电器电线。

(4)连接控制盘电线。

(5)关闭并锁上门。

(6)恢复控制盘。

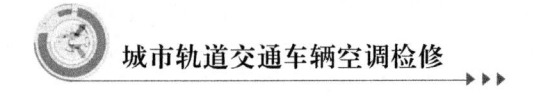

拓展知识

空调装置的日常检查与维护项目

(1)定期检查空调机组的外观,要求无损伤、无变形。

(2)定期清洗空调机组的外表面,确保表面清洁无污物。

(3)定期按照规定的扭矩要求检查空调机组中各紧固件,确保连接紧固无松动。

(4)根据橡胶件的规定使用年限,对空调系统中的橡胶件进行定期更换。

(5)检查所有电气连接部位、电缆、接地装置等,要求连接紧固无松动,电线电缆表面无破损老化等现象,确保接头接触良好以免松动和腐蚀,造成电气故障。

(6)检查空调机组的内部和外部的油漆是否损坏和腐蚀。

(7)修补油漆缺口,换掉腐蚀部分并对该修理区进行重新刷漆,油漆要与车体颜色一致。

任务评价

表 5-2-1　评价表

评价内容		评价标准	分值	学生自评	教师评价
理论评价	空调机组常见故障检修的认知	(1)是否能描述故障现象 (2)是否能分析故障原因 (3)是否能描述故障的查找顺序	40分		
技能评价	更换压力开关、继电器等故障部件	是否能按照五步法的要求进行故障检查	20分		
	空调装置检漏与修复技能（考核2个典型故障的检修技能）	(1)是否能完成空调装置检漏与修复 (2)是否能检修完成2个典型故障	25分		
情感评价	学习态度	(1)是否能积极思考,回答问题,与教师进行互动 (2)是否有充分的课前准备,教材及学习用品是否齐备	5分		
	操作规范	操作是否规范	5分		
	团队协作（在任务中请教他人或帮助他人）	是否具有团队协作精神	5分		
总分			100分		
学习体会:					

课后练习

(1)更换制冷系统中装置时应注意什么？

(2)电气系统中更换故障部件时应注意什么？

(3)试以空调通风机停转现象为例,检修空调装置,写出维修记录。

参考文献

REFERENCE

[1]曾青中,邓景山.车辆空调与制冷装置[M].成都:西南交通大学出版社,2008.

[2]卢毓俊.客车空调装置[M].北京:中国铁道出版社,2007.

[3]中华人民共和国铁道部.TB/T 1804-2009 铁道客车空调机组[S].北京:中国铁道出版社,2010.

[4] 中华人民共和国国家质量监督检验检疫总局,中国国家标准化管理委员会.GB/T 19842-2005 轨道车辆空调机组[S].北京:中国标准出版社,2005.

[5]张宝霞.铁道车辆制冷与空气调节[M].北京:中国铁道出版社,2005.

[6]曾青中,邓景山.车辆空调装置检修与维护[M].成都:西南交通大学出版社,2013.

[7]李树林.制冷技术[M].北京:机械工业出版社,2003.

[8]曾青中,韩增盛.城市轨道交通车辆[M].成都:西南交通大学出版社,2006.

[9]王寒栋.制冷空调测控技术[M].北京:机械工业出版社,2004.

[10]戈兴中.制冷与空调装置安装、维修及管理[M].北京:化学工业出版社,2002.

[11]巫红波.广州地铁一号线车辆空调压缩机故障分析及改进建议[J].电力机车与城轨车辆,2005,28(5):52-54.

[12]刘国良.广州地铁列车空调系统的设计差异分析[J].机车电传动,2007(3):53-54.

[13]周禄.广州地铁 4 号线和 5 号线空调制冷等级调节分析[J].机车电传动,2011(6):64-65,69.

[14]李龙煊,钟碧羿.深圳地铁 5 号线车辆空调控制系统[J].电力机车与城轨车辆,2011,34(5):31-33.

[15]冷庆君.北京地铁 4 号线列车空调通风和供暖系统控制方式设计[J].电力机车与城轨车辆,2008,31(3):19-22.

[16]穆广友,臧建彬.地铁车辆空调系统设计要点分析[J].城市轨道交通研究,2008(11):29-32.

[17]虞玉英,裘达.上海轨道交通5号线车辆空调系统及其运用[J].都市快轨交通,2005,18(4):152-153.

[18]高缵权.制冷与空调维修工问答390例[M].上海:上海科学技术出版社,2009.

[19]戴路玲.制冷装置制造与检测[M].北京:机械工业出版社,2012.

[20]刘培琴.制冷与空调设备维修技能训练[M].北京:机械工业出版社,2012.

[21]许然平.深圳地铁环中线空调冷凝风机故障分析及整改[J].科技信息,2013(20):448.

[22]李启俊.南京地铁车辆空调机组漏水问题分析与对策[J].现代城市轨道交通,2009(3):61-62.